UTB **2334**

Eine Arbeitsgemeinschaft der Verlage

Beltz Verlag Weinheim · Basel
Böhlau Verlag Köln · Weimar · Wien
Verlag Barbara Budrich Opladen · Farmington Hills
facultas.wuv Wien
Wilhelm Fink München
A. Francke Verlag Tübingen und Basel
Haupt Verlag Bern · Stuttgart · Wien
Julius Klinkhardt Verlagsbuchhandlung Bad Heilbrunn
Lucius & Lucius Verlagsgesellschaft Stuttgart
Mohr Siebeck Tübingen
C. F. Müller Verlag Heidelberg
Orell Füssli Verlag Zürich
Verlag Recht und Wirtschaft Frankfurt am Main
Ernst Reinhardt Verlag München · Basel
Ferdinand Schöningh Paderborn · München · Wien · Zürich
Eugen Ulmer Verlag Stuttgart
UVK Verlagsgesellschaft Konstanz
Vandenhoeck & Ruprecht Göttingen
vdf Hochschulverlag AG an der ETH Zürich

HELGA ESSELBORN-KRUMBIEGEL

Von der Idee zum Text

Eine Anleitung zum wissenschaftlichen Schreiben

3., überarbeitete Auflage

FERDINAND SCHÖNINGH
PADERBORN · MÜNCHEN · WIEN · ZÜRICH

Umschlagabbildung: Graffiti aus Amsterdam. © Susan Farrell 1996

Helga Esselborn-Krumbiegel, Studium der Germanistik, Anglistik und Komparatistik in München, Bristol (England), Bonn und Köln. Promotion in Germanistik, Lehrtätigkeit an der Universität Köln, Ausbildung in Poesie- und Bibliotherapie. Leitet das Schreibzentrum Köln. Zahlreiche Publikationen zur Didaktik wissenschaftlichen Schreibens, zum Bildungsroman, zur Autobiographie und über Hermann Hesse.
Kontakt: www.schreibzentrum-koeln.de

Bibliografische Information der Deutschen Nationalbibliothek

Die Deutsche Nationalbibliothek verzeichnet diese Publikation in der Deutschen Nationalbibliografie; detaillierte bibliografische Daten sind im Internet über http://dnb.d-nb.de abrufbar.

Gedruckt auf umweltfreundlichem, chlorfrei gebleichtem und alterungsbeständigem Papier ⊗ ISO 9706

3., überarbeitete Auflage 2008

© 2002 Verlag Ferdinand Schöningh GmbH & Co. KG
(Verlag Ferdinand Schöningh GmbH & Co. KG, Jühenplatz 1, D-33098 Paderborn)
ISBN 978-3-506-97024-4

Internet: www.schoeningh.de

Das Werk, einschließlich aller seiner Teile, ist urheberrechtlich geschützt. Jede Verwertung außerhalb der engen Grenzen des Urheberrechtsgesetzes ist ohne Zustimmung des Verlages unzulässig und strafbar. Das gilt insbesondere für Vervielfältigungen, Mikroverfilmungen und die Einspeicherung und Verarbeitung in elektronischen Systemen.

Printed in Germany.
Herstellung: Ferdinand Schöningh, Paderborn
Einbandgestaltung: Atelier Reichert, Stuttgart

UTB-Bestellnummer: 978-3-8252-2334-2

INHALT

**Kapitel 1: Lust und Frust beim
wissenschaftlichen Schreiben** 7

Kapitel 2: Arbeits- und Zeitplanung 13

BAUSTEIN **1.** Phasen der
Textproduktion 16

BAUSTEIN **2.** Die Zeitschiene 24

BAUSTEIN **3.** Die Arbeitsbedingungen 31

Kapitel 3: Von der Idee zur Fragestellung 33

BAUSTEIN **4.** Wissenschaftliches Journal . . . 36

BAUSTEIN **5.** Cluster 37

BAUSTEIN **6.** Strukturbaum 45

BAUSTEIN **7.** Analogierad 48

BAUSTEIN **8.** Fragen als Denkimpulse 50

BAUSTEIN **9.** Thema eingrenzen 54

BAUSTEIN **10.** Thema ausloten 63

BAUSTEIN **11.** 7 W-Fragen 67

**Kapitel 4: Der Weg durch den
Forschungsdschungel** 71

BAUSTEIN **12.** Recherchieren 73

BAUSTEIN **13.** Lesen und Exzerpieren 77

BAUSTEIN **14.** Forschungsliteratur
referieren/zitieren 88

Kapitel 5: Strukturen finden 97

BAUSTEIN **15.** Ideen ordnen 100

BAUSTEIN **16.** Das Waage-Modell 104

BAUSTEIN **17.** Der Brennpunkt 113

BAUSTEIN **18.** Gliederungsmodelle 115

Kapitel 6: Rohfassung 133

BAUSTEIN **19.** Der rote Faden 136

BAUSTEIN **20.** Einleitung 145

BAUSTEIN **21.** Schluss 155

BAUSTEIN **22.** Literaturangaben und Anhang 158

Kapitel 7: Leserbezogen schreiben 163

BAUSTEIN **23.** Kognitive Struktur 165

BAUSTEIN **24.** Sprachliche Prägnanz 173

BAUSTEIN **25.** Giftschrank! 184

BAUSTEIN **26.** Tipps für die Praxis 187

Kapitel 8: Überarbeiten 191

BAUSTEIN **27.** Argumentation prüfen 194

BAUSTEIN **28.** Präzise formulieren 198

BAUSTEIN **29.** Formalia korrigieren 199

Kapitel 9: Tipps und Tricks bei Schreibblockaden 201

BAUSTEIN **30.** Mein »Lieblingsproblem« 204

BAUSTEIN **31.** Nicht anfangen können 206

BAUSTEIN **32.** Der innere Kritiker 209

BAUSTEIN **33.** Chaos! 214

BAUSTEIN **34.** Motivation 215

BAUSTEIN **35.** Zeitdruck 217

Literaturverzeichnis 219

Abbildungsverzeichnis 220

Kapitel 1

Lust und Frust beim wissenschaftlichen Schreiben

Woran denken Sie, wenn Sie »wissenschaftlich schreiben« hören?

♦ an ungezählte Tassen Kaffee, zerknüllte Papiere, Wut und Frust?
♦ an Gedankenstau und den leeren Bildschirm?
♦ an erste zaghafte Absätze, verändert, umgestellt – gelöscht?
♦ an Berge von Fotokopien?
♦ an Chaos, Stress – und das Gefühl, noch mal davongekommen zu sein?

Es könnte auch anders sein! Nur mal so zum Spaß: Stellen Sie sich vor, wie Sie sich morgens an Ihren Schreibtisch setzen, vor sich auf einem bunten Zettel Ihren Arbeitsauftrag des Tages. Sie überfliegen ihn und beginnen dann mit 5 Minuten Free Writing. Das macht Spaß und stimmt Sie gut aufs Schreiben ein. Anschließend werfen Sie einen Blick auf das Mindmap an Ihrer Wand, um festzustellen, an welchem Punkt im Schreibprozess Sie gerade stehen. Jetzt überprüfen Sie Ihren Kapitelfahrplan, legen Ihr Material bereit und beginnen mit dem »Text des Tages«. Wenn Sie Ihr Pensum geschafft haben, bilanzieren Sie Ihren Erfolg und machen sich einen richtig schönen Abend! Zauberei? Keineswegs! Nur lauter kleine Schritte auf dem Weg vom Denken zum Schreiben, von der Idee zum Text. Stellen Sie sich wissenschaftliches Schreiben als Dialog vor. Jeder, der anderen seine Erkenntnisse mitteilt, tritt in diesen Dialog ein. Es ist ein Dialog mit der Forschung einerseits und mit Ihren potenziellen Lesern andererseits. Als Mitglied der Scientific Community bringen Sie Ihre Stimme in diesen Dialog ein. Damit Ihre Stimme klar und deutlich zu hören ist statt ängstlich und leise, begleitet Sie dieses Buch von der ersten Idee bis zur Abgabe der fertigen Arbeit. Auf jeder Etappe finden Sie Hilfestellungen, Beispiele und Übungen. Tipps und Tricks aus der Praxis erleichtern Ihnen das Arbeiten. »Lust statt Frust« ist unsere Devise der nächsten 200 Seiten: Lust am Jonglieren mit Ideen und Strukturen, am Skizzieren und Umschreiben, Lust an spontanen Texten und Gedankenbildern, an Lesercheck und Giftschrank. Dabei kann und will

Ihnen dieses Buch die Anstrengungen des Schreibens nicht abnehmen, aber am Ende werden Sie wissen, wie Sie Schritt für Schritt vom Denken zum Schreiben kommen, Ihre Arbeit zügig angehen und erfolgreich fertigstellen können. Sie werden, wenn Sie dieses Buch lesen, einige Annahmen über Bord werfen und vielleicht einige Gewohnheiten ändern: Freuen Sie sich darauf, Neues zu erfahren und Neues auszuprobieren!

Vielleicht gehören Sie zu den zahllosen Schreibern und Schreiberinnen, die glauben: Schreiben muss man einfach können, es ist eine Gabe, die dem einen in die Wiege gelegt wurde, dem anderen eben nicht. Falsch! Schreiben kann und muss man lernen wie Geige spielen oder Eislaufen. Sicherlich gibt es hier wie dort Begabungen, aber die Grundfertigkeiten kann jeder und jede lernen. Und so wie man Geige spielen oder Schlittschuhlaufen am besten durch tägliches Üben lernt, heißt es auch beim Schreiben: üben, üben, üben! Das bedeutet aber zugleich, dass kein Text auf Anhieb stehen muss – im Gegenteil, schreiben heißt über weite Strecken: umschreiben und überarbeiten. Schreibend entwickeln Sie Ideen, schreibend klären Sie Ihre Gedanken, schreibend finden Sie eine Struktur für Ihre Ideen und schreibend testen Sie Ihre Entwürfe. Schreiben lernen bedeutet immer auch: schreibend lernen!

Fangen Sie *heute* an zu schreiben! Schreiben Sie nach der Lektüre dieser Einleitung einen ersten Fünf-Minuten-Text, in dem Sie spontan notieren, welche Resonanz diese ersten 4 Seiten in Ihnen ausgelöst haben. Denken Sie daran, dass es enorm wichtig ist, immer wieder ins Schreiben zu kommen. Solange Sie schreiben, haben Sie die Chance, Schreibimpulse auszuprobieren, Fehler abzulegen, neue Strategien zu entwickeln, Entwürfe zu überarbeiten, Brauchbares von Unbrauchbarem zu trennen und aus vielen Teilen ein gelungenes Ganzes zu bauen. Solange Sie schreiben, sind Sie auf dem Weg zum Ziel!

Der Schreibprozess setzt sich aus mehreren einzelnen Schritten zusammen. Jeder Schritt wird in *einem* Kapitel dieses Buches vorgestellt. Sie erfahren, was dieser Schritt von Ihnen verlangt und wie Sie ihn am besten bewältigen. Das letzte Kapitel verrät dann Tipps und Tricks bei Schreibblockaden, die in jeder Phase des Schreibprozesses auftreten können.

Wenn Sie dieses Buch durcharbeiten, werden Sie feststellen, dass Sie immer wieder einmal zurückblättern möchten, um sich zurückliegende Schritte noch einmal vor Augen zu führen. Dabei entspricht dieses Hin- und Herspringen, das Vor- und Zurückblättern genau dem Entstehen einer wissenschaftlichen Arbeit: In Wiederholungsschleifen werden Sie manche Schritte mehrmals durchlaufen, in einem späteren Stadium der Arbeit auf eine frühere Etappe zurückgreifen, um vielleicht Akzente anders zu setzen, Begriffe zu präzisieren, Passagen umzustellen und den roten Faden deutlicher herauszuarbeiten. Dieses Buch führt Sie zwar in einer bestimmten Reihenfolge in das wissenschaftliche Arbeiten ein, möchte Ihnen aber zugleich bewusst machen, dass die verschiedenen Schritte in der Praxis des Schreibens ineinandergreifen.

Das Buch verfolgt mit Ihnen Schritt für Schritt die Entstehung einer wissenschaftlichen Arbeit. Wenn Sie systematisch wissenschaftliches Schreiben lernen wollen, arbeiten sie am besten Kapitel für Kapitel durch, indem Sie nach den allgemeinen Übungen das Gelernte sofort auf *Ihr* Thema anwenden. So profitieren Sie optimal von den Anregungen und Übungen. Sie können das Buch aber auch selektiv benutzen und sich gezielt bestimmte Bausteine heraussuchen. Innerhalb der Kapitel finden Sie immer wieder Verweise auf andere Bausteine, so dass Sie sich im Schneeballsystem *Ihre* Route durch dieses Buch suchen können. Wenn während des Schreibens Schwierigkeiten auftauchen, kehren Sie einfach zu dem Baustein zurück, der Ihr Problem thematisiert.

Beim Durchblättern werden Sie schon gemerkt haben, dass dieses Buch nur wenig formale Vorschriften enthält.. Da in den verschiedenen wissenschaftlichen Disziplinen recht unterschiedliche formale Anforderungen gelten, sind Sie besser beraten, wenn Sie im Dekanat oder Institut Ihrer Hochschule nach einem entsprechenden Merkblatt fragen. Auch Zitierweisen und bibliographische Verfahren sind fächergebunden, so dass Sie dieses Handwerkszeug zu Beginn Ihres Studiums in einer fachspezifischen Einführung mit praktischen Übungen lernen sollten. In diesem Buch finden Sie deshalb nur solche formalen Hinweise, die fächerübergreifend gelten. Unsere gemeinsame Aufgabe beginnt dort, wo die meisten Ratgeber zum wissenschaftlichen Schreiben enden: bei der konkreten Bewältigung Ihrer Schreibaufgabe!

Alle Anregungen und Hilfestellungen gelten für die schriftliche Hausarbeit ebenso wie für die Abschlussarbeit; deshalb ist dieses Buch für alle Schreibenden vom Grundstudium bis zur Dissertation geeignet. Sie können es im Selbststudium durcharbeiten oder es als kurstragendes Übungsbuch in Schreibseminaren einsetzen. Bewährt haben sich die Anregungen und Übungen auch in studentischen Arbeitsgruppen, die in eigener Regie Schreibseminare organisiert haben. Viele der im Laufe der Jahre entwickelten Modelle und Übungen habe ich mit Studierenden im Schreibzentrum der Universität Köln erprobt. Ihnen verdanke ich Anregungen und Rückmeldungen.

Bevor Sie nun in die Lektüre einsteigen, noch ein wichtiger Hinweis: Wählen Sie unter den angebotenen Verfahren und Hilfestellungen diejenigen aus, die *Ihnen* das Arbeiten erleichtern. Probieren Sie viele Modelle aus, wenden Sie die Tipps und Tricks auf unterschiedliche Fragestellungen und Arbeitsbereiche an, aber entscheiden Sie für sich, welche Arbeitsweise Sie von Fall zu Fall übernehmen möchten. Jeder und jede Schreibende hat andere Vorlieben, andere Stärken und Schwächen. Prüfen Sie, was *Ihnen* hilft!

Kapitel 2
Arbeits- und Zeitplanung

Arbeits- und Zeitplanung

1. Phasen der Textproduktion
- In welchen einzelnen Schritten entwickelt sich wissenschaftliches Schreiben?
- Wie sollten Sie am besten vorgehen und was sollten Sie dabei unbedingt beachten?

2. Die Zeitschiene
- Wie stellen Sie Ihren individuellen Zeitplan auf?
- Wie halten Sie ihn ein? Wie erfahren Sie etwas über Ihre individuellen »Zeitfresser«?

3. Die Arbeitsbedingungen
- Wie sieht Ihr Schreibort aus?
- Wie schaffen Sie eine kreative Arbeitsatmosphäre?

Planen Sie Ihr wissenschaftliches Projekt sorgfältig und realistisch. Je nach wissenschaftlicher Disziplin und Arbeitsgebiet werden Vorgehen und Zeitplanung individuell anders aussehen.

Ich möchte Ihnen zunächst einen Überblick über die Phasen wissenschaftlicher Textproduktion geben, Sie anschließend in die Zeitplanung einführen und schließlich mit Ihnen gemeinsam Ihre Arbeitsbedingungen überprüfen. Vielleicht werden Sie danach einige liebgewordene Gewohnheiten ablegen, manches ein bisschen anders machen – aber Ihre Arbeit wird Ihnen mehr Spaß machen und schneller von der Hand gehen!

1. Phasen der Textproduktion

Eine solide Vorbereitung schafft die Basis für eine gelungene Arbeit. Bevor Sie mit der eigentlichen Arbeit beginnen, klären Sie zunächst folgende Aspekte:

1. Welchen Umfang soll meine Arbeit haben?

Als Studienanfängerin müssen Sie unbedingt mit Ihrem Dozenten/Ihrer Dozentin klären, welchen Umfang Ihre Arbeit haben soll. Haben Sie bereits mehrere Arbeiten geschrieben, wissen Sie, dass Ihre Hausarbeit im Grundstudium ungefähr 12 bis 15 Seiten haben sollte, im Hauptstudium nicht mehr als 20 bis 25 Seiten und dass es wirklich ratsam ist, sich an dieses Seitenlimit zu halten. Wenn Ihre Ausführungen nämlich nicht mehr als, sagen wir: höchstens 25 Seiten lang sein dürfen, verbieten sich manche Umwege und Abwege von selber. In manchen Disziplinen bestehen genaue Vorschriften über Umfang und äußere Form, andere lassen den Studierenden weitgehend freie Hand. Erkundigen Sie sich bei Ihren Dozenten nach Vorschriften und Empfehlungen. Einige Institute geben eigene Merkblätter und Broschüren heraus, die wichtige formale Tipps enthalten. Auch für Diplomarbeiten, BA, MA, Staatsexamensarbeiten und Dissertationen gibt es formale Regeln, die Sie bei den zuständigen Dekanaten erfahren.

Wieviel darf/soll ich schreiben?

Welche Formalien muss ich beachten?

2. Was soll ich genau tun?

Sobald Sie eine erste Idee für ein Thema haben oder sich für ein vorgegebenes Thema entschieden haben, fragen Sie sich: Was soll ich genau tun? Es gibt ganz unterschiedliche Arbeitsweisen, um zu wissenschaftlich relevanten Ergebnissen zu kommen:

Wege wissenschaftlichen Arbeitens

- ◆ Forschungsstand kritisch aufarbeiten
- ◆ Texte interpretieren
- ◆ empirisches Material erheben und auswerten
- ◆ Experimente durchführen und auswerten

1. Phasen der Textproduktion

- Texte, Quellen, Material vergleichen
- historische Entwicklungen aufzeigen
- Modelle entwickeln und überprüfen

Welches Verfahren eignet sich für Ihr Material? Machen Sie sich klar, wie Sie arbeiten wollen. Nur so kommen Sie zu einer Aufgabe, die Sie Schritt für Schritt angehen und erfolgreich lösen können.

3. Zeit- und Arbeitsplan erstellen!

Planen Sie jede schriftliche Arbeit, indem Sie sich die notwendigen Arbeitsschritte klar machen, Ihr Arbeitstempo kalkulieren, einen Zeitplan aufstellen und sich vor möglichen Zeitfressern schützen. Es kostet Überwindung, einen solchen Plan zu erarbeiten, aber Sie sparen sich die endlosen Zwiegespräche mit Ihrem inneren Schweinehund: *Also, was machen wir heute? Kapitel 3? Ist mir noch gar nicht klar. Erst noch mal was lesen. Eigentlich wollte ich ja schreiben! Vielleicht morgen. Der letzte Abschnitt war auch nicht so toll. Vielleicht ist die Fragestellung doch schief. Oder ich hab's einfach nicht im Griff. Jetzt gibt's erst mal 'nen Kaffee!*

Machen Sie sich den Kaffee schon vorher! Und dann setzen Sie sich zur festgesetzten Zeit an Ihren Arbeitsplatz und überprüfen Arbeitspensum und Zeitbudget. Wie Sie Ihren individuellen Arbeitsplan erstellen, erfahren Sie im Abschnitt über die »Zeitschiene«.

⇒ Baustein 35
⇒ Baustein 2

Bevor Sie jetzt konkret Ihren Arbeitsprozess planen, machen Sie sich klar, aus welchen Schritten dieser Prozess besteht (Abb. 2.1 und 2.2).

Phasen wissenschaftlicher Textproduktion

I. Orientierung
- Ideen sammeln
- Thema eingrenzen und ausloten
- erster Überblick über die Literatur
- Exposé

⇓

II. Recherche
- Primärtexte, Quellen sichten und auswerten
- Forschungsliteratur sichten und auswerten

⇓

III. Strukturieren
- Material ordnen
- Hypothesen aufstellen
- Gliederung entwerfen

⇓

IV. Rohfassung
- Hauptteil der Arbeit niederschreiben
- nach einem Kapitel *eine* Grobkorrektur
- Einleitung und Schluss schreiben

⇓

V. Überarbeiten
- inhaltlich
- sprachlich
- formal

Abbildung 2.1

1. Phasen der Textproduktion   19

Phasen wissenschaftlicher Textproduktion bei empirischen Arbeiten

I. Orientierung
- Thema eingrenzen und ausloten
- erster Überblick über die Literatur
- Methoden, Probanden, Termine
- Exposé + Zeitplan

⇓

II. Erhebungen / Untersuchungen
- Forschungsliteratur sichten und auswerten
- Daten gewinnen / Untersuchungen durchführen
- Protokoll führen

⇓

III. Strukturieren
- Material ordnen
- Hypothesen aufstellen
- Gliederung entwerfen
- Abbildungen zusammenstellen

⇓

IV. Rohfassung
- Hauptteil der Arbeit niederschreiben
- nach einem Kapitel *eine* Grobkorrektur
- Einleitung und Schluss / Abstract schreiben

⇓

V. Überarbeiten
- inhaltlich
- sprachlich
- formal

Abbildung 2.2

I. Orientierung

⇒ Baustein 4-8

■ Ideen sammeln

Ideen entwickeln

Um erste Ideen zu Ihrem Thema zu finden, können Sie unterschiedliche kreative Verfahren nutzen. Finden Sie heraus, welche Methode Sie am meisten inspiriert. Manchmal eignet sich

Wenn ich zwischen zwei Übeln wählen muss, dann probiere

ich immer gerne dasjenige aus, das ich vorher nicht ausprobiert habe. Mae West, amerik. Schauspielerin 1892-1980

eine Technik besonders für ein bestimmtes Thema, beim nächsten Thema aber haben Sie mit einer anderen Technik mehr Erfolg. Versuchen Sie deshalb, kreative Impulse flexibel zu nutzen. Probieren Sie immer wieder einmal etwas Neues aus und rechnen Sie auch damit, dass Sie den Umgang mit kreativen Methoden erst üben müssen. Auch Kreativität will gelernt sein, aber der Aufwand lohnt sich!

■ Thema eingrenzen und ausloten

⇒ Baustein 9

⇒ Baustein 10

Ganz wichtig für Ihre weitere Arbeit ist eine klare Eingrenzung des Themas. Dazu müssen Sie die Grenzen Ihres Themas überblicken und zugleich die Implikationen, die Fragestellung und den Kontext Ihrer Arbeit überprüfen.

■ Erster Überblick über die Literatur

aktuelle Literatur sichten

Um Ihr Thema in den Griff zu bekommen, lohnt sich ein erster Überblick über die Forschungsliteratur. Dabei greifen Sie am besten zu dem aktuellsten Standardwerk oder zu zwei/drei aktuellen Aufsätzen. Verschaffen Sie sich einen Eindruck, was in Ihrem Themenbereich gerade diskutiert wird, welche Forschungsmeinungen vertreten werden, welche Fragen immer wieder auftauchen.

■ Methoden, Probanden, Termine

Methodenkenntnis auffrischen

praktische Arbeitsvoraussetzungen überprüfen

Frischen Sie bei empirischen Arbeiten rechtzeitig Ihre Methodenkenntnis auf. Machen Sie sich mit unterschiedlichen Verfahren der Datengewinnung und Datenauswertung vertraut und finden Sie heraus, welche Computerprogramme Sie brauchen. Wenn Sie experimentell arbeiten, planen Sie einige praktische Übungen zum Einarbeiten ein und stellen Sie sicher, dass Material und Arbeitsplatz (Labor) zugänglich sind. Das schützt Sie später vor zeitraubenden Rückschlägen.

Klären Sie außerdem, wie und wann Sie Ihre Daten gewinnen wollen. Wer könnten Ihre Interviewpartner sein? Wie können Sie diese Kontakte vorbereiten? Überlegen Sie auch, wo Sie gegebenenfalls praktische und organisatorische Hilfe finden können.

■ Exposé

Ein Exposé enthält folgende Informationen:

♦ Fragestellung der Arbeit

◆ kurzer Überblick über die Forschung
◆ geplante Arbeitsschritte (Arbeitsgliederung)
◆ mögliche Ergebnisse

Manche Prüfer verlangen dazu noch einen Zeitplan mit Angaben zu den einzelnen Arbeitsschritten.

Wenn Ihre Prüfer kein Exposé verlangen, schreiben Sie trotzdem früh im Arbeitsprozess einen lockeren Text zur Selbstverständigung: Was will ich herausfinden? Was interessiert mich an diesem Thema? Wo finde ich Informationen? Welche Unterfragen muss ich stellen? Was könnte schwierig werden? Wo finde ich Unterstützung? Wie will ich vorgehen? Was könnte am Ende herauskommen?

II. Recherche / Erhebungen / Untersuchungen

Unterschiedliche Arbeitstypen brauchen unterschiedliche Arbeitsweisen. Denken Sie bei allen Tipps, die Sie in diesem Buch erhalten, daran, dass es darum geht, *Ihren* Weg zum wissenschaftlichen Schreiben zu finden. Nicht alle Vorschläge nützen allen Schreibenden gleich viel. Probieren Sie möglichst viele Anregungen aus, aber überneh-men Sie nur die Methoden, die Ihnen das Arbeiten erleichtern.

■ Primärtexte und Quellen sichten und auswerten

Wie unterschiedlich wissenschaftlich Arbeitende vorgehen, zeigt sich auch bei der Annäherung an ein Thema: Manche Studierende beginnen grundsätzlich mit der gründlichen Lektüre der Primärtexte, der Quellen oder des empirischen Materials und entwickeln zunächst eigene Ideen. Ein Blick in die Forschungsliteratur würde sie zu diesem frühen Zeitpunkt nur irritieren, ihre Einfälle blockieren oder in eine vorgegebene Richtung lenken. Für sie ist es deshalb am besten, sich zuerst selbstständig mit dem Material auseinanderzusetzen und erst danach die Forschung zu sichten und für die eigene Arbeit auszuwerten.

Ich nenne das Recherchieren die »Raupenphase«.
Sten Nadolny, Schriftsteller geb.1942

eigene Auseinandersetzung mit dem Material

■ Forschungsliteratur sichten und auswerten

Andere wissenschaftlich Arbeitende brauchen von Anfang

*Impulse der
Forschung
aufnehmen*

an die Anregungen durch die Forschung. Die Auseinandersetzung mit anderen Meinungen aktiviert ihr kritisches Denken und führt sie zu eigenen Einfällen. Für sie ist es am besten, nach einem Überblick über das Material erst einmal die Forschungsliteratur zu sichten und sich mit führenden Forschungsmeinungen vertraut zu machen. Inspiriert durch die Lektüre kehren sie dann zur Analyse ihres Materials zurück. Beide Wege sind gleich erfolgreich. Finden Sie heraus, welches für *Sie* der beste Weg ist. Wenn Sie eine experimentelle Arbeit schreiben, müssen Sie in jedem Fall *zuerst* die Literatur zusammenstellen und auswerten.

Ihre Recherche umfasst immer beide Bewegungen: Primärtexte, Quellen und empirisches Material sichten und auswerten *und* im Rahmen Ihrer Fragestellung Forschungsliteratur auswählen und auswerten. Wie Sie bei der Analyse des Materials zu eigenen Ideen finden, erfahren Sie in Kapitel 3, wie Sie sich die Forschungsliteratur erschließen, erläutert Kapitel 4.

■ Daten gewinnen / Untersuchungen durchführen

*Experimente
protokollieren*

Wenn Sie eine empirische Arbeit schreiben, führen Sie jetzt Ihre Untersuchungen durch. Bei Interviews beginnen Sie mit einem Probelauf (pre-test), um eventuelle Schwächen rechtzeitig zu beheben. Ebenso sollten Sie auch Ihre Fragebögen erst einmal an einer Testperson ausprobieren. Bei experimentellen Arbeiten achten Sie darauf, dass Sie von Anfang an ein genaues Tagebuch Ihrer Experimente und Versuchsreihen führen. Für die spätere Auswertung muss Ihnen der Ablauf Ihrer Untersuchungen detailliert vorliegen.

III. Strukturieren

⇒ Baustein 15

⇒ Baustein 16

⇒ Baustein 18

Nachdem Sie Ihre Ideen und Ihr Material geordnet und/oder Ihre Versuchsreihen ausgewertet haben, stellen Sie vorläufige Hypothesen auf, die mögliche Ergebnisse formulieren. Diese Hypothesen prüfen Sie dann durch eine genaue Analyse Ihres Materials. Anschließend entwerfen Sie eine Gliederung für Ihre Darstellung. Stellen Sie jetzt auch bereits Ihre Abbildungen zusammen, damit Sie sich beim Schreiben darauf beziehen können.

IV. Rohfassung

Wann sollten Sie anfangen zu schreiben? Es gibt beim wissenschaftlichen Schreiben sowohl ein »zu früh« als auch ein »zu spät«. Mit dem Schreiben der Rohfassung, also der ersten Fassung Ihres Textes, sollten Sie beginnen, sobald Sie recherchiert, die wichtigste Forschung gelesen, vorläufige Hypothesen aufgestellt und eine Arbeitsgliederung entworfen haben. Wenn Sie wesentlich früher beginnen, müssen Sie damit rechnen, die Arbeit unter Umständen mehrmals grundlegend umschreiben zu müssen, weil sich Ihre Hypothesen ändern, Ihre Gliederung möglicherweise neu gefasst werden muss und sich vielleicht sogar der Schwerpunkt der Arbeit verschiebt.

Wann fange ich an zu schreiben?

»Frühschreiber«

Vorläufige explorierende Texte sollten Sie dagegen immer wieder einmal schreiben: Erforschen Sie Ihr Thema, indem Sie kurze Texte zur thematischen Eingrenzung und zum Kontext schreiben; aktivieren Sie schreibend Ihr Vorwissen, entwickeln Sie schreibend Ideen. Formulieren Sie Ihre Hypothesen in kurzen Texten und überprüfen Sie schreibend den Fokus Ihrer Arbeit.

kurze explorierende Texte schreiben

⇒ Bausteine 9-10

Beginnen Sie aber auch nicht zu spät mit der Rohfassung Ihrer Arbeit. Sie müssen nicht *alles* gelesen haben, bevor Sie anfangen zu schreiben. Literatur, die Sie speziell für *ein* Kapitel Ihrer Arbeit brauchen, lesen Sie lieber erst dann gründlich, wenn dieses Kapitel an der Reihe ist. Durch ergänzendes Lesen haben Sie die nötigen Informationen aktuell verfügbar und müssen Forschungsbeiträge, die nicht Ihre gesamte Arbeit betreffen, nicht mehrfach lesen.

»Spätschreiber«

Schreiben Sie zuerst den Hauptteil der Arbeit. Nachdem Sie ein Kapitel beendet haben, erlauben Sie sich *eine* Grobkorrektur. Füllen Sie größere Lücken und beheben Sie offensichtliche logische und inhaltliche Fehler. Die detaillierte Überarbeitung Ihres Textes nehmen Sie aber erst vor, wenn der Hauptteil *einmal* fertig niedergeschrieben ist. Einleitung und Schluss schreiben Sie am besten zuletzt.

Hauptteil zuerst schreiben

jetzt Abstract schreiben

Am besten schreiben Sie *jetzt* bereits das Abstract, das für längere naturwissenschaftliche und medizinische Arbeiten verlangt wird. Sie haben Ihre Ergebnisse gerade aktuell vor Augen und ersparen sich so späteres Rekapitulieren. Am besten orientieren Sie sich beim Schreiben des Abstracts an den Vorgaben einer wissenschaftlichen Zeitschrift, in der Ihr Abstract erscheinen könnte. Die verschiedenen Disziplinen haben hier nämlich unterschiedliche Standards.

V. Überarbeiten

Überarbeiten Sie Ihren Text in mindestens drei getrennten Arbeitsgängen: inhaltlich, sprachlich und formal. Wie Sie dabei am ökonomischsten vorgehen, lesen Sie in Kapitel 8.

2. Die Zeitschiene

Zeitlimit setzen

Planen Sie Ihre Zeit vom Abgabetermin her. Wenn Ihnen von außen kein Zeitlimit vorgegeben wurde, setzen Sie sich selber einen Termin. So verhindern Sie, dass Ihre Arbeit allzu umfangreich wird, außer Kontrolle gerät und sich zeitlich nicht mehr kalkulieren lässt.

Arbeitsplan aufstellen

Bevor Sie einen konkreten Arbeitsplan aufstellen, machen Sie sich klar, wann Sie tatsächlich an Ihrer Arbeit schreiben können, welche Zeiten von vornherein belegt sind, wann Störungen zu erwarten sind und wann Sie garantiert ungestört arbeiten können. Planen Sie unbedingt genügend Freizeit ein! Auch in Zeiten intensiver Arbeit müssen Sie feste Erholungsphasen einlegen, um Ihre Arbeitsfähigkeit und Motivation zu erhalten.

Ich habe immer ganz gern ein Zimmer, dessen Türen nur von mir geöffnet werden können während der Arbeit. Sonst brauche ich nichts.
Uwe Johnson, Schriftsteller 1934-1984

Versuchen Sie, realistisch einzuschätzen, wie viele »Schreibtage« Sie pro Woche einlegen können. Denken Sie daran, dass es wenig sinnvoll ist, pro Tag mehr als vier Stunden zu schreiben. Danach sinkt Ihre Effektivität gewaltig, so dass Sie mit viel Aufwand nur noch wenig erreichen. Planen Sie deshalb Ihre Schreibzeit sorgfältig, und nutzen Sie dafür die Tageszeit, zu der Sie am besten arbeiten können.

> **ÜBUNG**
> Stellen Sie durch ein einfaches Protokoll über zwei Wochen fest, wann Ihre Konzentration, Arbeitsbereitschaft und Arbeitsfähigkeit am höchsten sind. Diese Zeiten wählen Sie dann für Ihre Untersuchungen und als reine Schreibzeit.

Neben der reinen Schreibzeit können Sie Forschung lesen, Hintergrundinformationen sammeln, Quellen und Zitate suchen und Arbeitsaufträge vorbereiten. Schreiben Sie auch keinesfalls vier Stunden am Stück. Legen Sie nach höchstens anderthalb Stunden eine kürzere Pause ein: Bewegung, ein Snack, frische Luft, vielleicht Musik? Achten Sie auch auf natürliche Leistungstiefs – bei den meisten Menschen irgendwann zwischen 12 und 16 Uhr – und legen Sie Ihre größeren Pausen in diese Zeiten. Sie können die Arbeitszeit auch auf Vormittag und Nachmittag verteilen, um Ihre Spitzenzeiten optimal zu nutzen.

⇒ Baustein 35

> **ÜBUNG**
> Stellen Sie jetzt einen Wochenplan auf, in den Sie Ihre Arbeitszeiten, Ihre Freizeit und sonstige Aktivitäten eintragen. Versuchen Sie, regelmäßige Arbeitszeiten festzulegen: haben Sie sich erst einmal daran gewöhnt, an bestimmten Tagen zu festen Zeiten am Schreibtisch zu sitzen, kostet Sie der Entschluss zu schreiben, bald immer weniger Überwindung.

Schließen Sie für die überschaubare Zeit, in der Sie an einer wissenschaftlichen Arbeit schreiben, mit sich selber einen Arbeitspakt: Legen Sie verbindliche Arbeitszeiten fest und versuchen Sie, Ihre Arbeit am Schreibtisch mit derselben Regelmäßigkeit und Verlässlichkeit anzutreten, mit der Sie auch einem bezahlten Job nachgehen würden.

Arbeitspakt schließen

Um möglichst gut vorbereitet mit dem Schreiben zu beginnen, gewöhnen Sie sich an, am Tag zuvor bereits einen kleinen »Arbeitsauftrag« für den kommenden Tag zu formulieren. Wenn Sie Ihre Arbeit dann getan haben, belohnen Sie sich: kleine Belohnungen für kleine Ziele, eine größere Belohnung, sobald die Arbeit fertig ist.

Arbeitsplan einer kürzeren schriftlichen Arbeit

Um einen konkreten Arbeitsplan für Ihr wissenschaftliches Projekt aufzustellen, orientieren Sie sich an der folgenden Skizze, die den Verlauf einer kürzeren wissenschaftlichen Arbeit abbildet (Abb. 2.3). Die erste Zeitachse zeigt Ihre Gesamtplanung: Nehmen wir an, Sie haben für eine Seminararbeit 6 Wochen Zeit. Teilen Sie Ihre Zeit in drei Blöcke. Verwenden Sie 3 Wochen darauf, Ihr Thema zu klären, Literatur zu lesen, Ihr Material zu analysieren und eine Struk-

Abbildung 2.3

2. Die Zeitschiene

tur für Ihre Arbeit zu finden (Phase 1). Diese Zeit ist, wie Sie sehen, knapp bemessen. Um so wichtiger ist es, wirklich eine machbare Fragestellung zu haben und den Rahmen nicht zu weit zu spannen. Unsere Zeitplanung geht davon aus, dass Sie kaum Vorkenntnisse über Ihr Thema haben, also die gesamte Recherche in diesen ersten 3 Wochen erledigen müssen.

In den folgenden 2 Wochen schreiben Sie die Rohfassung (Phase 2); in der letzten Woche überarbeiten Sie Ihren Text (Phase 3).

Die zweite Zeitachse stellt *nur* die Schreibphase dar: in unserem Beispiel haben Sie 2 Wochen Schreibzeit. Nehmen wir an, Sie sollen ungefähr 20 Seiten schreiben, so bedeutet das: 10 Seiten pro Woche. Wenn Sie an 5 Tagen in der Woche jeweils 4 Stunden schreiben können, sieht Ihr Schreibpensum 2 Seiten pro Tag vor. Haben Sie weniger Schreibzeit pro Woche, müssen Sie eventuell die Gesamtzeit verlängern oder die Arbeit kürzen. Die tägliche Schreibleistung lässt sich dagegen nur bedingt steigern.

Im Rahmen eines FH-Studiums haben Sie mitunter nur 4 Wochen Zeit für eine BA-Arbeit von ungefähr 20 Seiten. In diesem Fall sollten Sie sich bereits vor der offiziellen Anmeldung Ihres Themas mit der einschlägigen Literatur vertraut machen bzw. Ihre empirischen Daten gewinnen. So können Sie sich auch bei Ihrer BA-Arbeit an dem obigen Schema orientieren.

Auch für eine BA-Arbeit von 30–40 Seiten, für die Sie 8–9 Wochen Bearbeitungszeit bekommen, können Sie sich an diese Zeiteinteilung halten. Nur Ihre Schreibzeit für die Rohfassung ist entsprechend länger, nämlich 4 bzw. 5 Wochen.

Wenn Sie eine längere Arbeit (MA-Arbeit, Staatsexamensarbeit, Diplomarbeit) schreiben, haben Sie in der Regel bereits Vorkenntnisse in Ihrem Spezialgebiet. Sie kennen schon die wichtigste Literatur und wissen, welche Texte Sie noch lesen müssen. Entsprechend sieht Ihre Zeitplanung hier etwas anders aus (Abb. 2.4). Nehmen wir an, Sie haben 12 Wochen Zeit und Ihre Arbeit soll ca. 60 Seiten umfassen.

Arbeitsplan einer längeren schriftlichen Arbeit

Kapitel 2: Arbeits- und Zeitplanung

⇒ Baustein 1

Teilen Sie Ihre Zeit in 4 Teile: Ein Viertel der Zeit (3 Wochen) verwenden Sie, um Literatur auszuwerten und Ihr Material zu strukturieren. Zwei Viertel (6 Wochen) brauchen Sie für die Rohfassung und eine erste Überarbeitung. Während des Schreibens können Sie begleitend noch ausgewählte Forschungsbeiträge lesen, die sich nur auf einzelne Kapitel Ihrer Arbeit beziehen. Das letzte Viertel (3 Wochen) ist für die Überarbeitung reserviert. Außerdem bleibt noch genug Spielraum für unvorhergesehene »Katastrophen«: Grippe, Computerabsturz, Liebeskummer.

Bei einer empirischen Arbeit bekommen Sie in der Regel zusätzliche Zeit für die Datenerhebung. Auf die Auswertung der Literatur folgt also zunächst die Datenerhebung und Datenauswertung. Dieser erste Arbeitsabschnitt ist bei empirischen Arbeiten besonders lang. Den ungefähren Zeitaufwand für die Datengewinnung bzw. die Experimente können Sie nur im Vergleich mit ähnlichen Arbeiten kalku-

Abbildung 2.4

Arbeitsplan einer längeren wissenschaftlichen Arbeit

3 Monate Arbeitszeit / ca. 60 Seiten

(mit Vorkenntnissen)

Gesamt-planung:	**3 Wochen**	**6 Wochen**	**3 Wochen**
	Literatur auswerten, Gliederung	Rohfassung schreiben und 1x überarbeiten	überarbeiten und Pufferzeit

Schreib-phase:	**6 Wochen = 60 Seiten**
	ca. 10 Seiten / Woche

lieren; einen allgemeinen Richtwert gibt es hier nicht. Deshalb ist es ratsam, die empirischen Daten möglichst schon vor der Anmeldung der Arbeit zu erheben oder wenigsten sicher zu stellen, dass Sie die Daten in der geplanten Zeit gewinnen können. Während der empirischen Untersuchungen können Sie bereits Ihre theoretischen Grundlagen ausformulieren. So haben Sie nach der Datengewinnung schon einen Teil der Rohfassung geschrieben. An diesen Theorieteil können Sie bei der Datenauswertung anknüpfen.

> **ÜBUNG**
> Je nachdem, was für eine Arbeit Sie zu schreiben haben, entwerfen Sie jetzt nach dem obigen Muster einen konkreten Gesamtplan für Ihr Vorhaben und einen Wochenplan für die nächste Schreibphase.

Versuchen Sie immer, *vor* der offiziellen Anmeldung abzuklären, ob Sie das Thema überschauen, die Literaturlage einschätzen können und einige brauchbare Ideen für mögliche Hypothesen haben. So schützen Sie sich vor Themen, die Sie überfordern.

Achten Sie darauf, rechtzeitig den Übergang von einer Arbeitsphase zur nächsten zu schaffen: Oft liest man viel zu lange und unsystematisch, aus Angst, ein wichtiges Buch nicht zu kennen oder einen brandneuen Aufsatz übersehen zu haben. Wie Sie die Forschungsliteratur ökonomisch angehen, erfahren Sie in Kapitel 4.

rechtzeitig von einer Arbeitsphase zur nächsten übergehen

Sprechen Sie mit anderen Studierenden über Ihre Zeitplanung. Tauschen Sie Tipps und Erfahrungen aus. Und nehmen Sie sich am Ende jedes Schreibtages Zeit, Bilanz zu ziehen: Was haben Sie heute erreicht? Nach einer Woche überprüfen Sie Ihren Arbeitsplan: Konnten Sie Ihr Pensum im Durchschnitt bewältigen? Oder haben Sie Ihr Tempo falsch eingeschätzt? Planen Sie eventuell neu, bis Sie nach einer weiteren Woche bei einer realistischen Zeitkalkulation angekommen sind. Und vergessen Sie nie, sich für Ihre Leistungen zu belohnen!

Zeitfresser! Lernen Sie auch rechtzeitig mögliche Zeitfresser kennen:

- Ist Ihnen das Material zugänglich oder muss es erst über Fernleihen oder Firmenbestellungen beschafft werden? Kalkulieren Sie Verzögerungen und Pannen ein!
- Sind Sie mit dem Arbeitsgebiet schon vertraut oder brauchen Sie Zeit, um sich einzuarbeiten?
- Wie ist die Literaturlage: übersichtlich und innerhalb einer angemessenen Zeitspanne zu bewältigen?
- Sind Ihnen die empirischen Methoden geläufig, die Sie für Ihre Datenerhebungen brauchen?
- Beherrschen Sie die statistischen Methoden, um Material auszuwerten? Frischen Sie eventuell Ihre Kenntnisse rechtzeitig auf!
- Haben Sie ein geeignetes Textverarbeitungsprogramm und können Sie damit umgehen?

Neben den zeitintensiven Aufgaben, die auf jeden Schreibenden zukommen, hat auch jeder Schreibende seine *individuellen* Zeitfresser:

ÜBUNG

Führen Sie eine Woche lang ein Zeittagebuch und finden Sie heraus, womit *Sie* die Zeit vertrödeln, die Sie lieber anders nutzen würden. Natürlich muss man auch gelegentlich trödeln und träumen! Sie sollen Ihren Tageslauf nicht von heute auf morgen vollständig durchrationalisieren. Sie sollen nur *wissen*, wo Ihre Zeit bleibt, und sich bewusst dafür entscheiden, sie für Arbeit oder Freizeit einzusetzen.

Vielleicht erschreckt Sie die Vorstellung, Ihre Zeit Tag für Tag zu planen. Machen Sie sich klar, dass Sie erstens nur dann gezielt planen sollen, wenn Sie dazu neigen, Aufgaben hinauszuschieben. Wenn Sie Ihre Arbeiten immer erst in allerletzter Minute erledigen und dabei enorm unter Druck geraten, sollten Sie etwas ändern. Wenn Sie dagegen mit *etwas* Stress immer noch ganz gut rechtzeitig fertig geworden sind – vergessen Sie die Zeitplanung! Zweitens gilt der regelmäßige Tagesplan nur für die wenigen Wochen, in denen Sie Ihre Arbeit schreiben. Diese überschaubare Zeit sollten Sie optimal nutzen.

3. Die Arbeitsbedingungen

Haben Sie schon einmal probiert, Ihren Schreibort zu wechseln? Vielleicht können Sie in der Bibliothek besser schreiben als zu Hause? Vielleicht skizzieren Sie Ihren Arbeitsauftrag für den nächsten Tag lieber in der Küche als am PC? Vielleicht kommen Ihnen die besten Ideen im Café? Vielleicht strukturieren Sie Ihre Gedanken am liebsten auf dem Boden sitzend, Ihre Notizzettel um sich herum ausgebreitet? Vielleicht können Sie sich besser konzentrieren, wenn Sie verschiedene Arbeiten an unterschiedlichen Orten erledigen? Sie verbinden dann einen bestimmten Arbeitsplatz mit einer bestimmten Tätigkeit und entwickeln so hilfreiche Gewohnheiten.

Schreibort?

Ich habe eine Netzkarte für die Schweiz, das ist relativ billig. Dadurch habe ich ein ganz billiges Arbeitszimmer. Ich muss sitzen bleiben; ich kann nicht immer aufstehen und auf und ab oder in die nächste Kneipe gehen.
Peter Bichsel schweiz. Schriftsteller geb. 1935

Ist Ihr Hauptarbeitsplatz ökonomisch eingerichtet? Haben Sie genug Platz für Material und Notizen? Um nicht vorschnell zu ermüden, achten Sie darauf, dass Ihr PC ergonomisch richtig eingerichtet ist und die Beleuchtung stimmt. Manchmal hängt der Erfolg auch an Kleinigkeiten! Nehmen Sie sich vor allem als Schreibende ernst, sorgen Sie gut für sich und schaffen Sie sich möglichst geeignete Arbeitsbedingungen.

Beobachten Sie auch einmal, ob Sie Ihre Kreativität steigern können, indem Sie z.B. für Ihre Ideenskizzen ein Papier verwenden, das Ihnen gefällt, oder einen Stift, mit dem es sich flüssig schreibt. Oder arbeiten Sie am liebsten am PC? Vielleicht animiert Sie auch ein Bild an der Wand, auf das Ihr Blick fällt? Es ist Ihre Aufgabe, herauszufinden, welches Ambiente Sie eher ablenkt und welches Sie beflügelt. Schriftsteller haben fast alle ein bestimmtes Ritual entwickelt, um ins Schreiben zu kommen. Sie wählen ihren Arbeitsort bewusst und kennen die Bedeutung der richtigen Schreibwerkzeuge und der kreativen Schreibatmosphäre. Experimentieren Sie ruhig ein bisschen, bevor Sie eine längere wissenschaftliche Arbeit in Angriff nehmen. Es macht Spaß und wird Ihnen nützen, wenn es »ernst wird«.

Das Schreiben mit dem Computer entspricht meiner Denkweise. Denn wir Menschen denken nicht so linear, sondern wir überspringen, gehen zurück, erinnern uns an irgend etwas.
Ruth Klüger, Literaturwissenschaftlerin und Schriftstellerin geb.1931

3. Die Arbeitsbedingungen

Sie werden manchmal rasch und flüssig schreiben können, manchmal nur mit Mühe. Gleichen Sie diese Schwankungen aus. Legen Sie auch an »guten« Tagen Schreibpausen ein und hören Sie ungefähr nach den üblichen 4 Stunden auf. Es kann Ihnen nämlich passieren, dass Sie an einigen Tagen Ihr »Soll« zwar übererfüllen, danach aber so ausgelaugt sind, dass Sie übermäßig lange zur Erholung brauchen. An »schlechten« Tagen versuchen Sie »dran zu bleiben«, auch wenn Sie manchmal nur wenig aufs Papier bringen. So er-

*Schreib-
gewohnheiten ent-
wickeln*

halten Sie sich Ihre Schreibgewohnheiten und haben weniger Schwierigkeiten, jeden Tag neu ins Schreiben zu kommen. Wenn Sie allerdings, in Ausnahmefällen, merken, dass nichts mehr geht, dass auch die Tipps gegen Schreibblockaden einfach nicht helfen, nehmen Sie einen freien Tag. Danach geht es meistens viel besser.

Wenn Ihre Schreibhemmungen und Konzentrationsprobleme dagegen offensichtlich nicht durch Ihr Arbeitsverhalten ausgelöst werden, sondern durch äußere oder persönliche Krisen, nützen natürlich die besten Arbeitsstrategien nichts. Dann legen Sie Ihr Arbeitsprojekt guten Gewissens auf Eis und gehen Sie zuerst grundlegende Störungen an. Nur so machen Sie auch den Weg frei, um flüssig und erfolgreich wissenschaftlich arbeiten zu können.

Rückblick

Wissenschaftliches Schreiben gliedert sich in Phasen, die nach und nach zu durchlaufen sind: Orientierung →Recherche/Untersuchungen →Strukturieren →Rohfassung →Überarbeiten. Eine phasenorientierte Zeitplanung und der rechtzeitige Übergang von einer Etappe zur nächsten sichert Ihnen ein zielorientiertes ökonomisches Arbeiten. Entdecken Sie *Ihre* optimale Schreibzeit, wählen Sie *Ihren* Schreibort nach *Ihren* Bedürfnissen und schaffen Sie sich eine anregende Arbeitsatmosphäre.

Kapitel 3

Von der Idee zur Fragestellung

Von der Idee zur Fragestellung

4. Wissenschaftliches Journal

5. Cluster
- ◙ Kreativität wecken
- ◙ spontane Texte schreiben

6. Strukturbaum
- ◙ Denkrichtung wechseln
- ◙ Kategorien finden

7. Analogierad
- ◙ Ähnlichkeiten entdecken
- ◙ Blickrichtung wechseln

8. Fragen als Denkimpulse
- ◙ Faszination kontra Irritation
- ◙ Pro- und Kontra-Dialog
- ◙ Perspektivenwechsel

9. Thema eingrenzen
- ◙ Themenfächer entfalten
- ◙ Frage formulieren

10. Thema ausloten
- ◙ Fragestellung präzisieren
- ◙ Kontext erforschen

11. 7 W-Fragen

Im folgenden Kapitel gewinnen Sie zunächst einen Überblick über verschiedene kreative Methoden, um Ideen zu finden, anschließend lernen Sie, Ihr Thema einzugrenzen, auszuloten und auf seine Tauglichkeit hin zu überprüfen.

4. Wissenschaftliches Journal

Ideen sammeln

Am Anfang einer wissenschaftlichen Arbeit steht die Idee. Aus ihr entwickelt sich Schritt für Schritt die gesamte Arbeit. Eine Möglichkeit, um bereits zu Beginn des Studiums Ideen für eine spätere wissenschaftliche Arbeit zu sammeln, ist das wissenschaftliche Journal.

Eindrücke und Fragen notieren

Wissenschaftler unterschiedlicher Disziplinen haben zu allen Zeiten wissenschaftliche Tagebücher geführt, die zeigen, wie sie Einfälle festgehalten und ausgewertet haben. Albert Einsteins Arbeitsjournale sind ebenso aufschlussreich für sein Lesen, Denken und Schreiben wie Sigmund Freuds und Karl Marx' wissenschaftliche Notizbücher. Ein wissenschaftliches Journal kann ein Merkheft oder Ringbuch sein, in dem wir in unregelmäßigen Abständen Eindrücke notieren: Fragen der Forschung, literarische Werke, Quellen, Autoren, Notizen in Zeitungen, Ideensplitter in Vorlesungen, Hinweise in Fußnoten, Zitate, Abbildungen, Film- und Videoszenen, interdisziplinäre Zusammenhänge, Hinweise auf Tagungen – kurz: alle Stichworte, die unsere wissenschaftliche Neugier wecken. Auch fremde und eigene Geistesblitze halten wir hier fest.

Schwerpunkte entwickeln

Ein solches Journal ist also eine Sammlung von Impulsen, denen wir gelegentlich je nach Zeit und Interesse nachgehen können. Indem wir Ideen weiterverfolgen, Querverbindungen zu ähnlichen Forschungsfeldern entdecken und Fragestellungen ausprobieren, bilden sich nach und nach Schwerpunkte des eigenen wissenschaftlichen Interesses heraus. Eigene Forschungsinteressen und -schwerpunkte zu finden, trägt entscheidend zur besseren Orientierung im Studium bei. Sie nehmen damit die Entwicklung zu einem Mitglied der Scientific Community selbst in die Hand, entscheiden selbst, wo Sie in den wissenschaftlichen Diskurs eintreten. Natürlich sind dieser Wahlfreiheit durch Studienordnungen und Seminarangebote Grenzen gesetzt. Aber eine Studentin, die ihre Entscheidungen im Studium bewusst trifft, kann ihr wissenschaftliches Profil selbstständig prägen. Das setzt allerdings voraus, dass sie die Richtung ihres wissenschaftlichen Interesses in etwa kennt. Genau dazu trägt das wissenschaftliche Journal bei. Wenn Sie schließlich vor der Entscheidung stehen, ein Thema für eine Abschlussarbeit zu übernehmen, können Sie von sich aus ein Thema wählen oder einen Arbeitsbereich vorschlagen, in dem Sie bereits Kenntnisse erworben und Ideen gesammelt haben. Bei einer Abschlussarbeit, die durch eigene wissenschaftliche Neugier unterstützt wird, treten erfahrungsgemäß viel weniger Schreibkrisen auf als bei einer fremdgelenkten Arbeit. Auch werden Sie mit größerem Zutrauen an eine solche Arbeit herangehen, weil Sie sich bereits mit dem Themenkreis beschäftigt haben. Sie werden die Implikationen des Themas deutlicher sehen und die Grenzen klarer ziehen können.

Die Befriedigung der eigenen Neugier ist eine der größten Quellen von Glück im Leben.
Linus Pauling, Chemiker und Nobelpreisträger 1901-1994

Allerdings gibt es auch hier ein Zuviel: Das Thema der Abschlussarbeit sollte uns zwar persönlich herausfordern und unsere wissenschaftliche Neugier wecken, jedoch möglichst nicht intensiv mit unserer eigenen Lebensgeschichte verknüpft sein. Nicht selten versuchen Schreibende nämlich, mit ihrer wissenschaftlichen Arbeit zugleich ein gerade anstehendes Lebensproblem zu lösen. Eine solche, häufig krisengeschüttelte, Arbeit droht leicht zu einer langandauernden Belastung zu werden. Kann ich dagegen mit wacher Anteilnahme, zugleich aber mit innerer Distanz zu Werke gehen, sind die Voraussetzungen für eine erfolgreiche Arbeit günstig.

Interesse *und* Distanz !

5. Cluster

Mit dem wissenschaftlichen Journal können Sie längerfristig Ihrem eigenen wissenschaftlichen Interesse auf die Spur kommen. Daneben gibt es aber auch eine Reihe von Techniken, um kurzfristig Einfälle zu einem konkreten Thema zu

Kapitel 3: Von der Idee zur Fragestellung

entwickeln. Die vorgestellten Impulse sprechen jeweils unterschiedliche Schreiber und Schreiberinnen an. *Ihre* Aufgabe ist es, das für *Ihr* Denken und Schreiben optimale Vorgehen zu entdecken.

Beim Clustering (aus engl. cluster = Traube, Büschel) werden aus einem zentralen Impuls assoziativ Ideen entwickelt. Diese kreative Methode beruht auf der spontanen Aktivierung beider in ihren Aufgaben unterschiedlicher Gehirnhälften. Während die linke Hemisphäre in der Regel das rationale, analytische Denken steuert, entwickelt die rechte Hemisphäre vor allem ganzheitliches bildhaftes und assoziatives Denken. Im Clustering nun arbeiten beide Gehirnhälften zusammen, die Arbeitsteilung ist vorübergehend aufgehoben. So können innovative Impulse auftauchen und ungewohnte Gedankenverbindungen zum Zuge kommen.

> *Überlassen Sie sich Ihren spielerischen Einfällen. Der eine fruchtbare Einfall ergibt sich nur, wenn man die Auswahl unter vielen hat.*
> Gabriele Rico, amerikanische Schreibpädagogin

Beim Clustering setzen wir in die Mitte eines großen Blattes einen zentralen Begriff, eine Idee, ein Wort in einen Kreis. Kennen wir die zentrale Frage unserer Arbeit schon, können wir auch sie ins Zentrum des Clusters stellen (Abb. 3.1). Legen Sie das Papier immer quer, damit Sie genug Raum haben, um alle Gedanken zu entfalten.

Kreativität wecken

Vom Zentrum ausgehend werden strahlenförmig alle assoziativen Ideen aufgezeichnet. Wir verfolgen zunächst *einen* Zweig des Clusters, lagern möglichst viele Einfälle an und verbinden die einzelnen Ideen graphisch miteinander. Sobald der Impuls einer Idee erschöpft ist, beginnt die Entfaltung der Ideen an einer anderen Stelle des Clusters, wiederum ausgehend vom Zentrum. Die Zuordnung der Ideen folgt keiner logischen Ordnung, sondern ergibt sich intuitiv und wird auch nicht nachträglich verändert. Es kommt beim Clustering nämlich vor allem darauf an, dass sich die eigenen Ideen möglichst unzensiert entfalten. Dazu brauchen Sie eine entkrampfte Haltung spielerischer Neugier und Freude an den eigenen Einfällen. Nur wenn wir vorübergehend den inneren Kritiker ausschalten, fließen die Ideen ungehemmt. Wir aktualisieren so unser oftmals verschütte-

Assoziationen zulassen

Abbildung 3.1: Cluster zum Thema »Lesen«

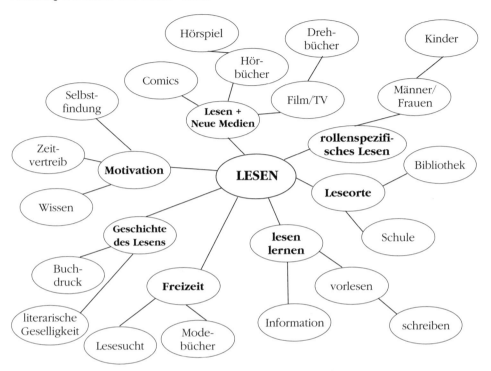

tes Wissen: Neue ungewöhnliche Einfälle tauchen auf. Allerdings müssen wir uns von vornherein klar machen, dass vieles von dem, was wir spontan aufschreiben, später keine Verwendung findet. Es kommt deshalb auch nicht darauf an, möglichst *viele brauchbare* Ideen zu entwickeln, sondern darauf, unsere Gedanken ungehindert zu entfalten. In dem Augenblick nämlich, in dem wir beginnen, unsere Ideen zu beurteilen, versiegen häufig die Assoziationen. Deshalb versuchen wir, alle Einfälle spielerisch zuzulassen, ohne Kontrolle, ohne Beurteilung. Erst wenn sich die Ideenimpulse erschöpft haben, können wir die Ernte einfahren und die Spreu vom Weizen trennen.

Wir können den schöpferischen Schwung noch weiter nutzen und von unserem Cluster ausgehend einen ersten kur-

Ein Entwurf ist ein Blatt oder ein Bogen, auf welchem ich mirs bequemer mache und mich gehen lasse, indem ich darauf meinen ganzen Kopf ausschüttele, um nachher das Fallobst zu sichten und zu säen. Jean Paul, Universalgelehrter und Schriftsteller 1763-1825

Kapitel 3: Von der Idee zur Fragestellung

kurzer spontaner Clustertext

zen Text formulieren. Dabei gehen wir von dem Aspekt des Clusters aus, der uns im Augenblick am meisten interessiert, der uns neu und anregend erscheint. Versuchen Sie, einen frischen Blick auf Ihr Thema zu werfen und über das Cluster einen leichten Einstieg ins Schreiben zu finden. Lassen Sie sich einfach von der Lust am Schreiben tragen, ohne Ihren Clustertext allzu kritisch zu betrachten. Kritik und Kontrolle haben später noch reichlich Gelegenheit, ihre notwendige Aufgabe zu erfüllen.

Bei der anschließenden Auswertung des Clusters zeigt sich, dass uns nicht alle Aspekte gleichermaßen interessieren: So entscheide ich mich z.B. in meinem Cluster zum Thema »Lesen« dafür, vor allem der Lesemotivation nachzuspüren. Dabei erscheinen die Themen »Lesen und Medien« sowie »rollenspezifisches Lesen« schon auf den ersten Blick als relevante Aspekte, die mit dem Schwerpunkt »Lesemotivation« zusammenhängen. Andere Aspekte wie »lesen lernen«, »Leseorte«, aber auch die »Geschichte des Lesens« sind dagegen eher nebensächlich. Deshalb blende ich sie zunächst aus. Ich schreibe nun mein Cluster um, indem ich nur die Aspekte berücksichtige, die mit dem Schwerpunkt »Lesemotivation« zusammenhängen. Hier zeigen sich bereits Cluster-

Idee, das ist ein Bild von einer Sache, einem Zusammenhang, einer Möglichkeit des Handelns oder Schreibens. Ein Bild, eine Idee wird vor allem gesehen und kann sprachlich abgegrenzt, sozusagen gemalt und gerahmt werden.
Sten Nadolny

ÜBUNG
Probieren Sie das Clustern zunächst mit einem nichtwissenschaftlichen Kernwort. Gehen Sie von Begriffen wie »Sand«, »nass« oder »Zimt« aus. Wählen Sie konkrete, anschauliche Kernwörter. Lassen Sie Ihre Gedanken frei in alle Richtungen laufen und zensieren Sie Ihre Assoziationen nicht. So können Sie sich am leichtesten ans Clustern gewöhnen. Clustern Sie nicht länger als ungefähr 4 bis 5 Minuten, danach versiegt meistens der Strom assoziativer Ideen. Schreiben Sie anschließend einen kurzen Clustertext. Wiederholen Sie diese Übung an mehreren Tagen, bis Sie das Gefühl haben, dass Sie leicht und mühelos clustern können. Dieses Verfahren, das aus der Schule des kreativen Schreibens kommt (Gabriele L. Rico), lässt sich gut in kleinen Gruppen üben: jemand gibt ein Stichwort vor und alle clustern und schreiben danach. Die entstandenen Texte werden – freiwillig! – vorgelesen, aber nicht kommentiert.

kerne, um die herum sich Ideen anlagern. Durch Auswahl, Umschichtung und Erweiterung gewinnt das Cluster so deutlichere Konturen (Abb. 3.2).

Cluster auswerten und umschreiben

Um meinem Forschungsinteresse noch genauer auf die Spur zu kommen, wähle ich den Themenschwerpunkt »Lesemotivation« in einem nächsten Schritt als Zentrum eines neuen eigenen Clusters (Abb. 3.3). Dieses Cluster ist deutlich stärker strukturiert und im Detail präziser als das erste Cluster zum Thema »Lesen«, weil es bereits klare Schwerpunkte setzt und damit die Denkimpulse schon in gewählte Bahnen lenkt. In diesem dritten Cluster tauchen wiederum neue Ideen auf und vorhandene werden vertieft und differenziert.

Anschlusscluster

Als Nächstes suche ich nun nach Verbindungen zwischen den »Ästen« des Clusters: Welche Beziehungen bestehen zwischen »Lesen als Freizeitbeschäftigung«, »Lesen als Wis-

Abbildung 3.2: Cluster zum Thema »Lesen«

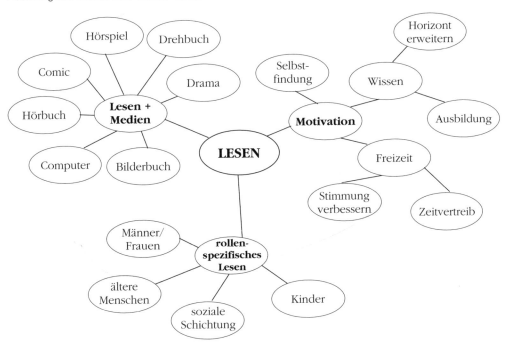

Kapitel 3: Von der Idee zur Fragestellung

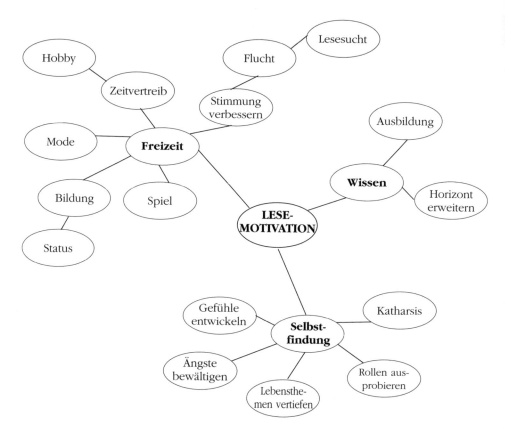

Abbildung 3.3: Cluster zum Thema »Lesen«

Ideen verbinden

senserwerb« und »Lesen als Selbstfindung«? Ich lasse meine Blicke zwischen den Ästen und den angelagerten Ideen hin und her gleiten und entdecke dabei einige Verbindungen, die ich gedanklich weiterspinne: »Lesen als Spiel« etwa kann als Sprachspiel von Normen entlasten, als Rollenspiel alternative Lebensentwürfe vorführen, als Spiel der Phantasie individuelle Freiräume erweitern (Verbindung zwischen »Freizeit« und »Selbstfindung«). »Wissenserwerb« kann mir, neben der beruflichen Förderung, auch in der Beschäftigung mit meinem Hobby von Nutzen sein, aber ebenso als »Bildungsgut« sozialen Status anzeigen (Verbindung zwischen

6. Strukturbaum 43

»Freizeit« und »Wissen«). Verbindungslinien dieser Art können wir so lange weiter verfolgen, wie sie uns durch die Wechselwirkung zwischen den Schwerpunkten zu neuen Ideen führen.

Ein erstes Cluster zum Thema »Werbung« könnte z.B. so aussehen.

Abbildung 3.4: Cluster zum Thema »Werbung«

Kapitel 3: Von der Idee zur Fragestellung

Hieran könnte sich ein Folgecluster zum Thema »Marketing« anschließen.

Abbildung 3.5: Cluster zum Thema »Marketing«

ÜBUNG
Clustern Sie nun zu einem Begriff Ihrer wissenschaftlichen Disziplin oder Ihres anvisierten Themas. In einem nächsten Schritt probieren Sie die Technik des Folgeclusters aus. Nach dem ersten oder zweiten Folgecluster schreiben Sie einen kurzen Text, der Ideen für Ihr Thema entwickelt.

6. Strukturbaum

Wenn beim Clustern der erste Denkimpuls bereits stark vorstrukturierend wirkt, entwickeln sich unsere Ideen möglicherweise nur in wenige Richtungen. Wenn wir wiederholt die Erfahrung machen, dass es uns schwer fällt, die eine Denkrichtung zu verlassen, um eine neue einzuschlagen, probieren wir ein anderes Vorgehen aus: den Strukturbaum.

neue Denkrichtung einschlagen

Wir bilden zunächst zu einem Zentralbegriff verschiedene Kategorien, denen der Begriff zugeordnet werden könnte. Damit beleuchten wir ganz unterschiedliche Facetten des Begriffs, ohne jedoch sofort den weiterführenden Assoziationen zu folgen.

Nehmen wir als Beispiel den Kernbegriff »Apfel«. Wir sammeln zunächst die Bereiche, in denen Äpfel eine Rolle spielen: Ernährung, Wirtschaft, Kultur, Biologie, Medizin, Geographie, Werbung. Diese Bereiche finden wir, indem wir einer auftauchenden Idee die ihr zugehörige Kategorie zuordnen. Wenn ich etwa an den Apfel des biblischen Sündenfalls denke, ordne ich ihn der Kategorie »Religion« bzw. »Kultur« zu; »Apfelmus« gehört dagegen in die Kategorie »Ernährung«, bzw. »Wirtschaft« (Abb. 3.6).

Kategorien bilden

Die Kategorien lassen sich nun weiter differenzieren: Ich prüfe zunächst, in welche Subkategorien sich die gefundenen Gruppen unterteilen lassen. Nehmen wir als Beispiel den Zweig »Kultur«: Wir entdecken die Untergruppen »Mythologie und Religion«, »Kunst« und »Sprache« (Abb. 3.7).

Diese Subkategorien lassen sich nun wiederum untergliedern: Der Bereich »Kunst« umfasst »Literatur«, »Musik« und »Malerei«; »Sprache« gliedert sich in »Redewendungen und Sprichwörter« und »Komposita«; »Religion und Mythologie« zerfällt in »christlich-jüdische Tradition« und »antike Mythologie«. Andere Untergliederungen wären hier ebenso möglich; die Beispiele illustrieren lediglich den assoziativen Prozess (Abb. 3.8). So entsteht nach und nach ein differen-

Abbildung 3.6

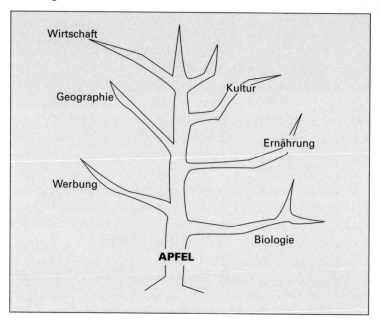

Untergruppen finden

ziertes Strukturgefüge mit vielen unterschiedlichen Einfällen, die sich an die Oberbegriffe anlagern.

Es kommt bei dieser Sammlung nicht darauf an, die Kategorien klar voneinander abzugrenzen, sondern nur darauf, eine vorschnelle Einengung des eigenen Blicks zu vermeiden. Wenn wir unsere Ideensammlung mit Hilfe des Strukturbaums vorbereiten, kann es nicht mehr passieren, dass uns beim Assoziieren nur »Apfelsaft«, »Apfelmus«, »Apfelwein«, »Apfelkompott« und »Apfelschnaps« einfällt. Eine solche Vorbereitung gibt mehrere Richtungen vor, in die unsere Gedanken ausschwärmen können. Anschließend können wir, wenn wir noch weitere Ideen suchen, jeden Zweig des Strukturbaums jeweils als Zentrum eines eigenen Clusters wählen. So könnte etwa *ein* Cluster ausgehen von dem Vorstellungsbereich »Apfel in der Literatur«, ein anderes von dem Kern »Apfel in der Ernährung«, ein drittes von der Idee »Apfel in der Geographie«.

Strukturbaum und Cluster verbinden

6. Strukturbaum 47

Abbildung 3.7

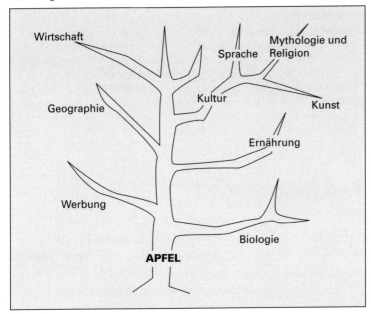

Abbildung 3.8

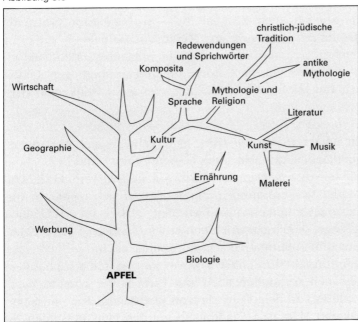

Kapitel 3: Von der Idee zur Fragestellung

> **ÜBUNG**
> Probieren Sie auch den Strukturbaum zunächst an einem Alltagswort aus, bevor Sie von Fachbegriffen ausgehen. Auch diese Übung wirkt in kleinen Gruppen anregender, weil Anfänger enorm von den Einfällen der anderen Schreibenden profitieren. Wenn Sie erst einmal erlebt haben, dass sich das »Denken in Kategorien« in ganz unterschiedliche Richtungen entwickeln kann, erweitert diese Erfahrung Ihren eigenen assoziativen Spielraum.

7. Analogierad

Um neue Verbindungen zwischen bekannten Ideen zu entdecken, setzen wir das Analogierad ein. Zunächst notieren wir kreisförmig angeordnet alle Einfälle zu unserem Thema auf einem großen Blatt Papier: Wir sammeln die Merkmale *eines* Gegenstandes und versuchen anschließend, sie auf mögliche *andere* Gegenstände zu übertragen. Manche Merkmale lassen sich sofort übertragen, andere zeigen keine Ähnlichkeiten. So kommt das Analogierad in Gang. Als Treffer erweisen sich jene Merkmale, die einen komplexen Suchprozess auslösen. Indem wir versuchen, Merkmale *eines* Gegenstandes auf einen *anderen* zu übertragen, bilden wir ungewöhnliche Analogien, die unser Denken aktivieren.

Ähnlichkeiten entdecken

In unserem Beispiel (Abb. 3.9) gehen wir von Strukturmerkmalen des Films aus (innerer Kreis) und versuchen, sie auf den Roman zu übertragen (äußerer Kreis). Etliche Merkmale sind ähnlich, andere lassen sich nicht übertragen. Die Korrespondenzen sind dabei unterschiedlich zwingend: Manchmal erkennen wir deutliche Entsprechungen, ein andermal eher vage Ähnlichkeiten.

Das Analogierad lässt sich sowohl von innen nach außen als auch von außen nach innen lesen: Wir können Merkmale des Films auf den Roman übertragen, aber auch umgekehrt Merkmale des Romans auf den Film anwenden. So

Abbildung 3.9: Analogierad

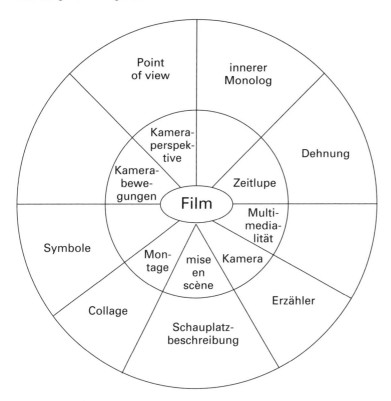

entdecken wir neue Analogien. Zugleich erkennen wir, dass die Verfahren, die *nur* im Film oder *nur* im Roman vorkommen, gerade für das jeweilige Genre typisch sind.

ÜBUNG
Finden Sie zunächst, vielleicht in Zusammenarbeit mit anderen Schreibenden, mögliche Analogiefelder: Musik und Malerei, Familie und politisches System, Denken und Radfahren. Prüfen Sie dann, welche Merkmale sich jeweils von einem Feld auf das andere übertragen lassen und welche neuen Ideen sich dabei einstellen.

8. Fragen als Denkimpulse

Eine andere Methode, um neue Ideen für ein Thema zu finden, besteht darin, möglichst viele verschiedene Fragen an das Thema zu stellen.

8.1 Faszination / Irritation

Auf einem Blatt Papier notieren wir in zwei Spalten Antworten auf zwei Fragen, die aufeinander bezogen sind:

Zwei-Spalten-Methode

1. Was fasziniert mich an meinem Thema?
2. Was irritiert mich an meinem Thema?

Spielen wir diese Zwei-Spalten-Methode am Beispiel einer psychologischen Fragestellung durch. Das Thema ist »Die Bedeutung von Alltagsritualen«.

Was fasziniert mich an dem Thema?	Was irritiert mich an dem Thema?
– Rituale gibt es überall – Rituale sind: kulturspezifisch, generationsspezifisch, geschlechtsspezifisch – Rituale verändern sich im Lebenslauf – Rituale sind wenig erforscht – Rituale lassen sich unterschiedlich deuten	– Abgrenzung zwischen Gewohnheit und Ritual ist schwierig – Welche Prägungen sind biographisch, welche kulturspezifisch? – Rituale werden oft pathologisiert – Woher bekomme ich aktuelle Informationen?

Implikationen und mögliche Schwierigkeiten des Themas

Die Antworten auf die beiden Fragen geben Aufschluss über meine Motivation, mich mit diesem speziellen Thema zu befassen, über mögliche Implikationen des Themas, über den Erkenntnisrahmen, in dem das Thema steht. Sie zeigen aber auch die möglichen Schwierigkeiten, die mich erwarten, die Vorarbeiten, die ich leisten muss und die Hindernisse, die ich zu überwinden habe. Darüber hinaus generieren sie Ideen zu den verschiedenen Gesichtspunkten des Themas.

8. Fragen als Denkimpulse

> **ÜBUNG**
> Die Gegenüberstellung von »Faszination« und »Irritation« sollten Sie direkt an Ihrem wissenschaftlichen Thema ausprobieren, auch wenn das Thema erst vage formuliert ist oder Sie sich noch gar nicht für ein bestimmtes Thema entschieden haben. Gerade wenn Sie diese Übung mit mehreren unterschiedlichen Themen ausprobieren, erleichtern Sie sich die anstehende Entscheidung für *ein* Thema.

Inszenieren Sie ein gespieltes Interview mit einem Schreibpartner: spielen Sie die Rolle des Autors und lassen Sie sich interviewen. Beantworten Sie alle Fragen Ihres Interviewpartners aus der Sicht des Autors. Dann tauschen Sie die Rollen.
Donald M. Murray, amerikanischer Schriftsteller und Schreibforscher

8.2 Pro- und Kontra-Dialog

Auch das Szenario des Pro- und Kontra-Dialogs kann in einer wissenschaftlichen Arbeit das eigene Gesichtsfeld erweitern. Wir nehmen wieder die Zwei-Spalten-Methode zu Hilfe, um zu fragen: Was spricht *für* unsere vorläufige Hypothese? Was spricht *dagegen*? Hier werden unsere Argumente sofort mit möglichen Gegenargumenten konfrontiert. Dieses Verfahren schärft unser logisches Denken, läßt uns Schwachstellen der Argumentation frühzeitig erkennen und Begründungszusammenhänge einsehen. Oftmals ergeben sich aus diesem Frage- und Antwortspiel auch neue Ideen für die Argumentation, werden Schwerpunkte anders gesetzt und offene Fragen benannt. Wichtig ist bei dieser Fragetechnik allerdings, die Antworten als ganze Sätze zu formulieren und nicht nur Stichwörter zu notieren, denn Gedanken entwickeln sich sehr häufig erst im Schreibprozess. Bloße Stichwörter führen dagegen nicht in den Schreibfluss hinein, sondern sind gleichsam nur Ankerplätze, an denen Gedanken vertäut werden können.

Pro- und Kontra-Argumente schreibend entwickeln

Um irgend etwas zu wissen, muss man auch das Gegenteil wissen ... Genauso gründlich, sonst weiß man gar nichts.
Henry Moore, brit. Bildhauer 1898-1986

Nehmen wir als Beispiel das Thema »Segmentierungskriterien im Consumer Marketing« und führen anhand der zentralen Hypothese einen Pro- und Kontra-Dialog.

Hypothese:

Die Kriterien beobachtbaren Kaufverhaltens eignen sich optimal als Segmentierungskriterien.

Pro:	Kontra:
– Daten lassen sich leicht gewinnen – Daten der Mediennutzung fokussieren Zielgruppen – Besitzmerkmale erschließen Zielgruppen – Markentreue steuert Werbemaß-nahmen	– Man kann nur von vergange-nem auf zukünftiges Kaufver-halten schließen – Die Mediennutzung kann sich ändern – Die Kriterien bieten nur wenig Ansatzpunkte für Werbebot-schaften – Ergänzung durch sozioökono-mische und psychologische Kriterien ist notwendig

Jedes ausgespro-chene Wort erregt den Gegensinn.
Johann Wolfgang Goethe, Minister und Dichter 1749-1832

Der Vergleich der Positionen »pro« und »kontra« führt uns mitten in die Argumentation hinein, die unsere Hypothese verifizieren soll. Indem wir die Argumente prüfen, erfahren wir, wie ergiebig unsere Fragestellung ist und wie stichhal-tig unsere vorläufige Arbeitshypothese. Hier geht es also zunächst nur um eine erste Einschätzung des interpretieren-den Zugangs und möglicher Ergebnisse. Die ausführliche Argumentation entwickeln wir erst später im Schreibpro-zess.

ÜBUNG
Den Pro- und Kontra-Dialog können Sie erst sinnvoll führen, wenn Ihr Thema bereits Konturen hat und Sie eine vorläufige Hypothese aufstellen. Das ist allerdings im Arbeitsprozess häufig viel eher möglich, als die meisten Schreibenden glau-ben: Sie entwickeln nämlich oft spontan *mögliche* Hypothe-sen, sobald Sie wissen, welche Frage Sie mit Ihrer wissen-schaftlichen Arbeit beantworten wollen. Spielen Sie Ihre Hypothesen durch, und Sie werden mehr über Ihr Thema er-fahren und neue Gesichtspunkte entdecken.

8.3 Perspektivenwechsel

Ein ganz anderes Verfahren, den Implikationen eines The-mas auf die Spur zu kommen und neue Einfälle zu sam-meln, ist der Perspektivenwechsel. Er ist ein erprobtes wis-

8. Fragen als Denkimpulse

senschaftliches Verfahren, um neue Einsichten zu provozieren. Perspektivenwechsel bedeutet immer, einen Standpunkt jenseits meiner vertrauten Sichtweise einzunehmen und aus diesem ungewohnten Blickwinkel heraus Fragen zu stellen. Wenn wir etwa als wissenschaftlich Schreibende statt eines Exposés für eine wissenschaftliche Arbeit einen Brief an ein Kind schreiben, dem wir unser Vorhaben nahebringen möchten, verändert sich unser Zugang von selbst. Eine solche vorübergehende Vereinfachung lässt die Grundlagen unserer Argumentation in einem neuen Licht erscheinen und öffnet uns selber neue Zugänge. Wenn wir uns vorstellen, welche Fragen ein Kind stellen würde, um unseren wissenschaftlichen Ansatz zu begreifen, gewinnen wir möglicherweise ungewohnte Einsichten, denn diese Herausforderungen verlangen von uns einen souveränen Umgang mit unserem eigenen wissenschaftlichen Vorgehen.

ungewohnten Standpunkt einnehmen

Auf der Suche nach neuen Ideen können wir beispielsweise auch einen Zeitsprung wagen und ein aktuelles Thema aus der Perspektive eines Wissenschaftlers im Jahre 2200 betrachten. Oder wir versuchen, einem Kollegen aus einer anderen wissenschaftlichen Disziplin zu erklären, was *unseren* Zugang vom methodischen Zugriff seiner Disziplin unterscheidet.

Zeitsprung

ÜBUNG
Machen Sie eine Reise in die Zukunft: erklären Sie z.B. einem Europäer des Jahres 2200 die Einführung des Euro zu Beginn des 21.Jahrhunderts.
Oder: Erläutern Sie einem Historiker, welchen Fragen Sie als Kommunikationswissenschaftler bei der Analyse einer politischen Rede nachgehen würden. Schreiben Sie zu diesen Übungen kurze Texte, um Ihr Denken zu aktivieren.

Eine weitere Möglichkeit, eine neue Sichtweise zu gewinnen, ist die Konzentration auf *eine* Sinneswahrnehmung: wir stellen uns für einige Augenblicke vor, was wir *sehen*, wenn wir an unser Thema denken. In einem nächsten

Sinneswahrnehmungen nutzen

Schritt versuchen wir, nur auf die Geräusche zu achten, die wir bei dem Gedanken an unser Thema *hören*. In dieser Weise konzentrieren wir uns jeweils kurzfristig auf *eine* Sinneswahrnehmung, während wir alle übrigen ausblenden. Dieses Experiment wird uns dazu führen, mögliche Implikationen des Themas deutlicher wahrzunehmen.

Am Beispiel des Spiegelmotivs in Hermann Hesses Romanen könnte dieses Gedankenexperiment beispielsweise einerseits die überragende Rolle optischer Wahrnehmung in Hesses Texten verdeutlichen, andererseits aber auch verborgene Korrespondenzen aufdecken wie die zwischen Bild und Musik.

ÜBUNG

Erforschen Sie Ihr Thema mit allen Sinnen, nutzen Sie dazu probeweise auch die Cluster-Technik, und schreiben Sie kurze Texte zu den auftauchenden Assoziationen.

---

9. Thema eingrenzen

Wenn man ein Thema für eine schriftliche Hausarbeit, eine Abschlussarbeit oder auch eine Dissertation übernimmt, spannt man den Rahmen der Arbeit oft viel zu weit. Da die Fragestellung zunächst noch vage ist, gelingt eine sinnvolle Begrenzung oft nur auf unnötigen und zeitraubenden Umwegen. Ziel der folgenden Übungen ist es deshalb, Aspekte eines Themengebiets zielsicher voneinander abzugrenzen und zugleich versteckte Implikationen des Themas auszuloten.

Fragestellung präzisieren

Arbeit mit dem Themenfächer

Das folgende Modell des Themenfächers bietet ein Verfahren, um ein Thema nach und nach einzugrenzen. Zwei Schritte bestimmen den Arbeitsprozess: Entfalten des Themenfächers und Selektion der Möglichkeiten (Abb. 3.10).

Der Themenfächer wird von oben nach unten abgearbeitet. Zunächst konzentrieren wir uns auf den Bereich, dem unsere Untersuchung gilt. Es kann eine Gruppe literarischer Werke sein, eine Epoche, ein historisches Ereignis, eine psychologische Theorie, ein gesellschaftliches Phänomen, eine empirische Erhebung - kurz: jedes mögliche Interessengebiet einer wissenschaftlichen Disziplin. Im Fach Germanistik etwa könnte mein Interessengebiet »expressionistisches Drama« heißen, im Fach Geschichte »Hildegard von Bingen«, in Politikwissenschaft »Europäische Gemeinschaft«, in Soziologie »Rollenmuster«, in Sonderpädagogik »Rhythmische Erziehung in der Schule«, in BWL »Marketing Strategien«.

Themenbereich festlegen

Diesem Bereich ordnen wir in einem ersten Schritt (Ebene I) alle Problemstellungen zu, die in unserem Cluster als Clusterkerne aufgetaucht sind. Die Anzahl der »Problemstellungen« (Ebene I), der »Aspekte« (Ebene II), der »Fragen« (Ebene III) und »Beobachtungen« (Ebene IV) des Themenfächers ist dabei beliebig.

⇒ Baustein 5

Wenn wir unsere Themensuche beginnen, ohne zuvor über das Clustering unsere Ideen entfaltet zu haben, so werden die Kategorien vager sein, noch nicht so genau auf unser spezielles Interesse fokussiert. Die Eingrenzung unseres Untersuchungsgegenstandes auf Ebene II erfordert entsprechend etwas mehr Entscheidungsarbeit.

Nehmen wir an, ich plane eine Magisterarbeit zum Thema »Lesen«. Zunächst greife ich auf mein Cluster zurück und wähle die Clusterkerne als Problemstellungen (Abb.3.11). In einem zweiten Schritt entscheide ich mich für *einen* Problembereich und ordne ihm auf Ebene II mögliche Aspekte zu (Abb. 3.12). Problemstellungen und Aspekte unterscheiden sich nur durch den Grad der Differenzierung. Die Problemstellungen benennen eine allgemeine Ebene, die Aspekte beziehen sich präziser auf das Untersuchungsmaterial. In beiden Arbeitsschritten trainieren wir unsere Fähigkeit, Kategorien zu bilden, und das bedeutet: Übereinstimmungen zwischen Merkmalen zu erkennen. Um im Themenfächer die Aspekte »Freizeit«, »Wissen« und »Selbstfindung« zu unterscheiden, muss ich zunächst viele

Problembereich wählen

Aspekte finden

Kategorien bilden

Abbildung 3.10: Der Themenfächer

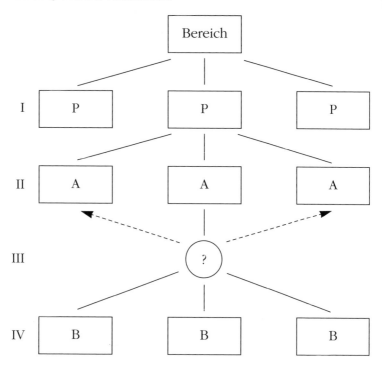

Legende: P= Problemstellungen; A= Aspekt; B= Beobachtung

⇒ Baustein 15

Ideen ordnen, zu Gruppen zusammenfassen und unter einen Leitbegriff stellen. Eine methodische Hilfe bietet hier das Mindmapping.

Da unser Denken und unsere Assoziationen aber nach ganz unterschiedlichen Mustern ablaufen, gibt es keinen Königsweg, der für alle Schreibenden gangbar wäre. Die einen erarbeiten sich die Kategorien ihrer Untersuchung über Cluster und Mindmap, die anderen über den Strukturbaum, wieder andere schließen vom einzelnen Beispiel ohne Umweg auf die passende Kategorie. Um ein Thema erfolgreich einzugrenzen, sollte jeder Schreibende zunächst herausfinden, welcher Weg für ihn oder für sie im Augenblick der richtige ist. Unterschiedliche Denker wählen unterschiedliche Wege.

Abbildung 3.11: Der Themenfächer

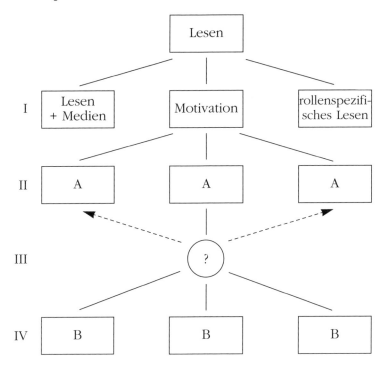

Geübte und ungeübte Schreiber unterscheiden sich in ihrem Vorgehen. Ändern Sie nach einiger Übung ruhig einmal spielerisch Ihre Vorgehensweise, um zu erfahren, ob Ihnen vielleicht ein anderes Verfahren leichter fällt.

Nachdem wir uns auf Ebene II für *einen* Gesichtspunkt entschieden haben, bilden wir in einem dritten Schritt, auf Ebene III so viele Fragen wie möglich zu dem gewählten Aspekt (Abb. 3.13).

Fragen bilden

Während wir Fragen entwickeln, wird unsere Aufmerksamkeit immer wieder auch auf die angrenzenden Kategorien gelenkt. Die Interdependenz unterschiedlichster Aspekte stellt eine der Hauptschwierigkeiten im Prozess wissenschaftlicher Analyse dar. Einerseits begegnet uns auf Schritt und Tritt die enge Verflechtung der Gesichtspunkte, andererseits müssen wir *einen* Aspekt herauszulösen, um

Abgrenzung gegen andere Aspekte und Fragestellungen

Abbildung 3.12: Der Themenfächer

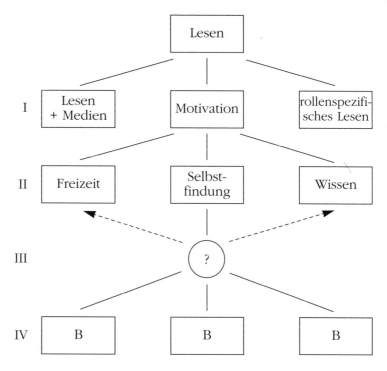

ÜBUNG
Wählen Sie ein beliebiges Interessengebiet, am besten zunächst wieder außerhalb Ihres Faches: eine Sportart, einen Film, eine Figur aus einem Buch, eine Alltagsbeobachtung oder irgendeinen Gegenstand, über den Sie gern mehr erfahren würden. Finden Sie mit Hilfe des Clusters oder des Strukturbaums mögliche Problemstellungen für eine interessante Untersuchung. Entscheiden Sie sich anschließend für *ein* Problem und entdecken Sie verschiedene Aspekte dieses Problems. Halten Sie Ihre Entdeckungen im Modell des Themenfächers fest.

ihn detailliert untersuchen zu können. Das Modell des Themenfächers hilft uns aus diesem Dilemma. Es macht einerseits sichtbar, dass bei einem komplexen Untersuchungsgegenstand die Aspekte der Analyse untereinander zusammenhängen und ein Ganzes bilden. Andererseits führt es

9. Thema eingrenzen

Abbildung 3.13: Der Themenfächer

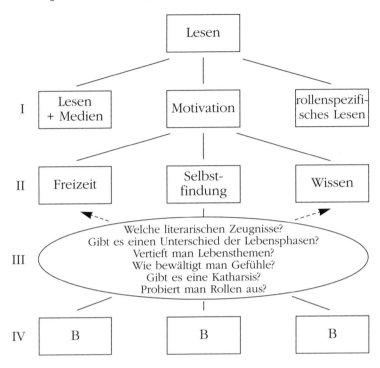

uns vor, wie man dennoch *einen* Aspekt isolieren kann. Die angrenzenden Fragen, die immer wieder auftauchen, verbinden unsere zentrale Frage mit möglichen anderen Untersuchungen. Sie sind jedoch nicht Gegenstand *unserer* Analyse. In unserem Beispiel etwa berührt sich die Frage nach der Selbstfindung sowohl mit dem Aspekt der Horizonterweiterung (Aspekt »Wissen«) als auch mit dem Problem der Lesesucht und dem Versuch, durch Lesen die eigene Befindlichkeit zu verbessern (Aspekt »Freizeit«).

In einem vierten Schritt (Ebene IV) gilt es, Antworten zu finden. Hier geht es noch nicht darum, hieb- und stichfeste Hypothesen zu bilden, sondern lediglich darum, festzustellen, ob wir durch eigene Ideen und durch Anregungen aus der Forschung zu relevanten Antworten kommen. Es ist eine

Antworten finden

Art Probelauf, der die Tauglichkeit der Fragen bestätigen soll. Er gibt uns die Sicherheit, auf dem richtigen Weg zu sein, ein Thema im Blick zu haben, zu dem wir etwas zu sagen haben. So schützen wir uns davor, ein Thema zu übernehmen, das sich im nachhinein als unergiebig erweist. In unserem Beispiel ergeben sich drei Beobachtungen (Abb. 3.14).

Auf der Ebene III und IV sollten Sie die Fragen und möglichen Antworten zusätzlich jeweils in kurzen Texten formulieren. So bleiben Sie einerseits im Schreibprozess und entdecken andererseits leichter Fragen und Antworten. Um das eigene Potential schreibend optimal zu nutzen, sollten Sie allerdings ganze Sätze, Fragen und Antworten formulieren, nicht nur Stichwörter.

> **ÜBUNG**
> Entscheiden Sie sich jetzt für einen Aspekt Ihres Themenfächers und bilden Sie möglichst viele Fragen dazu. Fassen Sie diese Fragen und mögliche Antworten in kurze Texte.

zentrale Frage entdecken und Thema formulieren

Sobald wir die vier Ebenen des Themenfächers durchlaufen haben, können wir ein Thema für unsere Arbeit formulieren: Wir konzentrieren uns auf das Element, das den meisten Fragen auf Ebene III gemeinsam ist, und bilden so die zentrale Frage der Arbeit. Von der zentralen Frage bis zur Formulierung des Themas ist es dann meist nur ein kleiner Schritt. Die Entscheidung für die zentrale Frage und damit für das Thema der Arbeit fällt also auf der Ebene III. In unserem Themenfächer könnte die zentrale Frage lauten: »In welcher Weise trägt Lesen zur Selbstfindung des Lesers bei?« Ein Blick auf unseren Themenfächer zeigt uns, dass die Frage zwar präzise gestellt ist, aber noch ziemlich viel Spielraum lässt. Um das Thema noch genauer zu fassen, könnte ich einerseits die speziell therapeutische Wirkung des Lesens ausklammern und mich andererseits auf Selbstzeugnisse von Schriftstellern konzentrieren. Wenn ich statt empirischer Studien literarische Zeugnisse auswerte, so weise ich durch einen Untertitel auf meine Materialbasis hin. Mein Thema könnte jetzt lauten: »Le-

Abbildung 3.14: Der Themenfächer

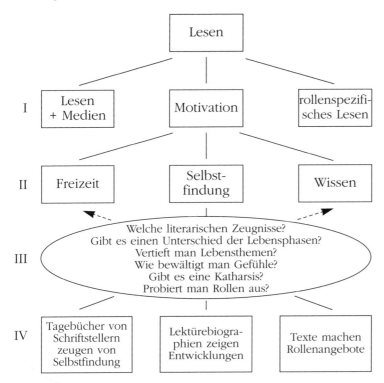

sen als Weg zur Selbstfindung? Eine Untersuchung literarischer Selbstzeugnisse.« Wenn das Material sehr umfangreich ist und es mir schwerfällt, exemplarische Texte auszuwählen, müsste ich mein Thema zeitlich und gegebenenfalls sprachgeografisch eingrenzen: »Lesen als Weg zur Selbstfindung? Eine Untersuchung deutschsprachiger literarischer Selbstzeugnisse des frühen 20. Jahrhunderts.«

> **ÜBUNG**
> Kehren Sie jetzt zu Ihren Fragen zurück und entscheiden Sie, welche Frage zentral sein könnte. Formulieren Sie diese zentrale Frage anschließend in eine Themenstellung um.

Betrachten wir ein Beispiel aus der Betriebswirtschaftslehre. Wir gehen von dem Bereich »Marketing« aus und füllen unseren Themenfächer mit den möglichen Problemstellungen

»Marktanalyse«, »Segmentierung«, »Marktkommunikation«. Nach der Entscheidung für das Problemfeld »Marktkommunikation« entwickeln wir die Aspekte »Direktwerbung«, »Eventmarketing«, »Sponsoring«. Wir wählen »Eventmarketing« als Schwerpunkt und stellen uns zu diesem Aspekt wiederum Fragen. Anschließend überprüfen wir, ob wir bereits mögliche Antworten auf unsere Fragen kennen (Abb. 3.15). Aus diesem Themenfächer lässt sich das Thema »Eventmarketing als zukunftsorientiertes Kommunikationsinstrument der Werbung« ableiten. Um den Geltungsbereich des Themas noch präziser einzugrenzen, könnte man die Studie auf eine bestimmte Branche ausrichten.

Abbildung 3.15: Der Themenfächer

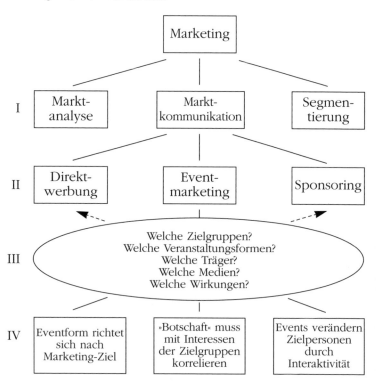

10. Thema ausloten

Fragen Sie bei der Wahl Ihres Thema unbedingt nach dem Arbeitsaufwand, den das Thema von Ihnen verlangt: Prüfen Sie, ob die Literatur überschaubar und das Material zugänglich ist und ob Sie die notwendigen Methoden beherrschen.

⇒ Baustein 2

Entscheidend für klar definiertes Thema ist, wie wir schon gesehen haben, eine präzise Fragestellung. Zunächst muss man sich klar machen, dass jede wissenschaftliche Arbeit die Antwort auf eine offene Frage ist. Deshalb müssen wir zu allererst die Frage formulieren, die dem Thema zugrunde liegt. Dies ist besonders wichtig, wenn wir das Thema nicht selber gefunden, sondern aus einer Reihe von Themen gewählt haben. Manchmal genügt schon die einfache Umformung des Themas in eine grammatische Frage, um zu erkennen, welche Aufgabe das Thema uns stellt. Das Thema »Die britische Nordirlandpolitik 1968-1974« z.B. lässt sich ohne weiteres in die Frage kleiden: »In welchen Phasen verlief die britische Nordirlandpolitik 1968–1974 und warum scheiterte sie?« Schon diese einfache Umformung zeigt jedoch, dass die Frage das Thema interpretiert und präzisiert. Die Frage macht sichtbar, unter welcher Perspektive das gewählte Material behandelt wird. Ähnlich lässt sich das Thema »Formen der Unternehmenskonzentration« in die Frage fassen: »Welche Chancen und Risiken bergen unterschiedliche Formen der Unternehmenskonzentration?« Auch hier wird deutlich, dass die Umformung die Konturen des Themas präzisiert.

Fragestellung präzisieren

Thema in Frageform fassen

Oft allerdings verbirgt sich die zentrale Frage der Arbeit *hinter* der glatten Formulierung des Themas. Zerlegen Sie das Thema zunächst in seine einzelnen Aspekte, um zum Kern der Arbeit vorzudringen. Denn erst, wenn Sie die zentrale Frage formulieren können, die hinter Ihrem Thema steht, können Sie die Unterfragen bilden, die Sie der Lösung näher bringen. Wenn das Thema z.B. lautet »Armut in Deutschland«, so geht es zunächst darum, Armut zu definieren und ihre Ursachen aufzuzeigen:

Unterfragen bilden

Bitten Sie Ihre Schreibgruppe, durch Brainstorming Fragen zu Ihrem Thema zu finden. Donald M. Murray

◆ Was bedeutet Armut?
◆ Welche Ursachen hat Armut?

Diese Aufgabe allein wäre schon für eine Seminararbeit hinreichend. Im Rahmen einer Diplomarbeit könnten Sie darüber hinaus nach Lösungsansätzen fragen und Erfolg sowie Misserfolg erprobter Strategien analysieren:

♦ Welche Möglichkeiten gibt es, um Armut zu bekämpfen?
♦ Welche Maßnahmen waren erfolgreich, welche haben versagt?
♦ Warum?

Diese Fragen lassen sich natürlich am Beginn der Arbeit noch gar nicht zuverlässig beantworten; es geht zunächst nur darum, mögliche Fragen, die das Thema aufwirft, auszuloten.

Bei einem vorgegebenen Thema sollten Sie zunächst die genannten Begriffe abklopfen:

Begriffe abklopfen

♦ Was bedeuten sie im Kontext der eigenen Wissenschaft?
♦ Welche Gesichtspunkte (= Unterfragen) sind in den Begriffen mit gesetzt?
♦ Besteht ein Zusammenhang zwischen den Begriffen?

Dies sind Fragen, die beantwortet werden müssen, um zu erkennen, was das gestellte Thema von uns verlangt. Nehmen wir noch ein weiteres Beispiel unter die Lupe. Das Thema lautet: »Schlüsselqualifikationen in der Dienstleistungsgesellschaft«. Wir fragen zunächst:

Wie wird »Schlüsselqualifikation« definiert?

Sodann muss der Begriff »Dienstleistung« geklärt werden. Auch hier existieren unterschiedliche Definitionen:

♦ Welche Merkmale sind konstitutiv?
♦ Welche Anforderungen stellt der Dienstleistungssektor?
♦ Welche Kompetenzen sind erforderlich?

Diese Fragen müssen Sie unbedingt beantworten, bevor Sie intensiv in Ihr Thema einsteigen.

ÜBUNG

Suchen Sie nach möglichen Unterfragen, die in Ihrem Thema stecken könnten. Klopfen Sie alle vorkommenden Begriffe ab, und versuchen Sie anschließend, Ihr Thema in eine Frage zu kleiden.

10. Thema ausloten

Bei einer längeren Arbeit wie Magisterarbeit, Diplomarbeit, Staatsexamensarbeit, Dissertation müssen Sie außerdem nach dem Kontext fragen, in dem Ihre Arbeit steht: Welchen Beitrag könnte Ihre Arbeit in einem weiter gespannten Forschungszusammenhang leisten?

Die Antwort auf diese Frage kann den Schwerpunkt der Arbeit deutlicher konturieren. Um die Frage zu beantworten, in welchem Kontext Ihre Arbeit steht, lesen Sie den Themenfächer »von unten nach oben«. Von Ebene III ausgehend betrachten Sie die Aspekte auf Ebene II als Teile der Problemstellung auf Ebene I. Auf dieser Ebene sehen Sie Ihre spezielle Fragestellung in einen übergreifenden Forschungszusammenhang eingebettet. Dieser Zusammenhang gibt Ihrer Fragestellung die Erkenntnisrichtung vor.

Treffen Sie sich in einem Café und fachsimpeln Sie. Stellen Sie Fragen, bestellen Sie noch einen Kaffee, reden Sie weiter. Unterschätzen Sie niemals den Wert eines Gesprächs, wenn Sie in der Sackgasse sitzen. Donald M. Murray

Kontext der Arbeit

Kehren wir noch einmal zum Thema »Lesen« zurück: nehmen wir an, wir müssten bei einer Magisterarbeit entscheiden, ob die Frage nach dem rollenspezifischen Lesen in unseren »Aufgabenbereich« fällt. Ein Blick auf den Themenfächer (Ebene II) zeigt uns, dass wir den Prozess der Selbstfindung untersuchen, der *jeder* biographischen Entwicklung zugrunde liegt. Die Frage nach rollenspezifischen Unterschieden im Leseverhalten bildet demgegenüber ein eigenes Untersuchungsfeld (Ebene I). Wir können sie also aus unserer Untersuchung ausklammern. Eine umfangreichere Arbeit wie eine Dissertation könnte dagegen durchaus rollenbedingte Unterschiede im Leseverhalten in eine weiter gefasste Fragestellung einbeziehen.

Ein anderes Beispiel: eine Diplomarbeit über »Schattenwirtschaft in Brasilien« könnte einen Beitrag zur Erforschung der »Schattenwirtschaft« leisten; Brasilien wäre dann nur das Beispiel, anhand dessen ein weit verbreitetes Phänomen untersucht wird. Andererseits könnte die Analyse der Schattenwirtschaft auch ein Zugang sein, um wirtschaftliche Mechanismen in *Brasilien* zu betrachten. Dann stünden dieses *eine* Land und seine besonderen wirtschaftlichen Bedingungen im Zentrum des Interesses.

Haben Sie mit Hilfe des Themenfächers den Kontext Ihrer Arbeit geklärt, überprüfen Sie jetzt mit einer einfachen Übung, ob Sie das Thema in seinen Grundzügen darstellen können.

Brief an ein Kind

ÜBUNG
Nehmen Sie, wie schon bei der Ideensuche, einen Perspektivenwechsel vor. Stellen Sie sich vor, einem etwa zehnjährigen Kind zu erklären, welches wissenschaftliche Problem Sie bearbeiten wollen. Ein Zehnjähriger bringt in der Regel die notwendigen sprachlichen Voraussetzungen zum Verständnis einer zusammenhängenden Argumentation mit, verfügt aber nicht über das Spezialwissen einer Disziplin und kaum über die Fähigkeit, komplexe abstrakte Zusammenhänge nachzuvollziehen. Wollen Sie sich ihm dennoch verständlich machen, müssen Sie wissenschaftliche Zusammenhänge auf einfache logische Sachverhalte reduzieren. Schreiben Sie einen kurzen Text, in dem Sie einem Kind Ihr Forschungsvorhaben erklären. Berücksichtigen Sie dabei auch Fragen, die ein Kind höchstwahrscheinlich stellen würde, mit denen wir uns aber sehr oft gar nicht befassen, wie: »Warum machst du das eigentlich?«

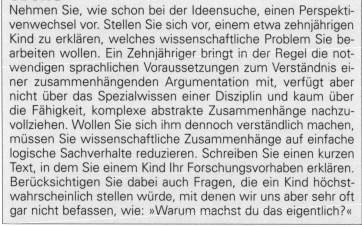

Text-Feed-back

Diesen kurzen Text sollten Sie unbedingt einem Zuhörer Ihrer Wahl – es muss kein Kind sein! – vorlesen. Sein Feedback auf Ihren Text wird Ihnen zeigen, ob Sie Ihr Thema im Griff haben. Bitten Sie Ihren Zuhörer – am besten einen fachfremden – sich darauf zu konzentrieren, welche Frage Sie seiner Meinung nach mit Ihrer Arbeit beantworten wollen. Und bitten Sie ihn, nach einem zweiten Vorlesen, diese Frage zu formulieren. Dabei ist es wichtig, dass Ihr Zuhörer wirklich eine *Frage* formuliert, keine Umschreibung des Textes, den er gerade gehört hat. Nicht wenige Zuhörer neigen nämlich dazu, in langen Ausführungen lediglich das Gehörte zu reproduzieren, etwa nach dem Muster: »Ich denke, du untersuchst in deiner Arbeit die unterschiedlichen Gründe, warum Menschen Bücher lesen«. Ein Feed-back, das Ihnen nützlich ist, muss dagegen eine eindeutige Frage formulieren: »Wie haben Schriftsteller Lesen als Weg zur Selbstfindung erlebt und beschrieben?« Trifft Ihr Zuhörer annähernd Ihre zentrale Frage, so können Sie sicher sein, dass Sie Ihr Thema überblicken. Liegt Ihr Zuhörer mit seiner Vermutung dagegen weit ab von Ihrer Fragestellung, so stellen Sie sich bitte selber zwei Fragen:

♦ Ist Ihnen ganz klar, was Sie herausfinden wollen?
♦ Haben Sie sich in Ihrem Kindertext wirklich auf das Zentrum Ihrer Arbeit konzentriert oder ist Ihr zentrales Anliegen in einer Flut von Details untergegangen?

Nachdem Sie diese Fragen beantwortet haben, schreiben Sie Ihren Kindertext neu!

11. 7 W-Fragen

Um Grenzen und Implikationen des gewählten Themas zu überprüfen, beantworten Sie die 7 W-Fragen:

1. Was will ich herausfinden?
Hier geht es darum, *eine* zentrale Frage zu formulieren. Ihre wissenschaftliche Arbeit selber ist die Antwort auf diese Frage.

zentrale Frage überprüfen

2. Welche Unterfragen könnte ich stellen?
Jede zentrale Frage produziert Unterfragen, die Sie beantworten müssen, um das Hauptproblem zu lösen.

Unterfragen bilden

3. In wie weit ist mein Thema anderen Themen ähnlich?
Jedes Thema lässt sich im Zusammenhang mit anderen Themen betrachten. Der Kontext kann durch das Thema des Seminars gegeben sein oder durch andere Forschungsbeiträge. Andere Arbeiten haben sich vielleicht mit ähnlichen Fragestellungen beschäftigt, aber anderes Material zugrunde gelegt. Oder sie haben ein ähnliches Material unter anderen Gesichtspunkten untersucht. Die Suche nach Ähnlichkeiten kann Ihnen helfen, einen leichteren Zugang zu einem schwierigen Thema zu finden. Sie können versuchen, Fragestellungen aus einem Arbeitsgebiet in ein anderes zu übertragen. Sie können Ihre Fragestellung mit anderen Arbeiten vergleichen, die ähnliches Material analysieren.

Ähnlichkeiten entdecken

Unterschiede entdecken

4. Worin unterscheidet sich mein Thema von ähnlichen anderen Themen?

Diese Frage hängt eng mit der vorigen Frage zusammen: Nachdem Sie Ähnlichkeiten mit anderen Themen geprüft haben, konzentrieren Sie sich auf das besondere Profil *Ihrer* Arbeit. Dabei versuchen Sie, das Besondere Ihrer Arbeit zu benennen:

♦ Ist es das untersuchte Material, das Ihre Arbeit auszeichnet?

♦ Ist es die Art der Fragestellung?

♦ Ist es die Verbindung von Aspekten, der Vergleich von Merkmalen?

♦ Ist es das methodische Vorgehen?

Varianten prüfen

5. Was könnte sich an meinem Thema noch ändern?

Überlegen Sie, ob vielleicht eine weitere Eingrenzung des Themas ansteht, weil sich das Material als sehr umfangreich erweist. Oder sollten Sie im Gegenteil die Fragestellung ausweiten, weil die Materialbasis nur schmal ist? Auch der Schwerpunkt der Arbeit könnte sich verschieben, weil bei näherer Beschäftigung neue Fragestellungen aufgetaucht sind.

Kernbereich definieren

Ich war von der Geschichte und Interpretation so fasziniert, dass ich in den bekannten Schlachtruf der Schriftsteller ausbrach: »Das muss rein!«
Sten Nadolny

6. Was soll an meinem Thema unbedingt so bleiben?

Meistens wissen Schreibende ziemlich genau, was sie unbedingt herausfinden oder beweisen wollen: Sie müssen es sich nur bewusst machen! Diese Frage hilft Ihnen dabei, sich darüber klar zu werden, was in Ihrer Arbeit am wichtigsten ist und warum.

7. Welchen Platz hat mein Thema ungefähr in der Forschungslandschaft?

Stellen Sie sich die Forschung wie auf einer Landkarte verortet vor: Da gibt es Ballungsgebiete, Wüsten, verstreute Einzelsiedlungen und Metropolen. Jeder Ort hat ein eigenes Profil. Fragen Sie sich zunächst: Welche Forschungsschwerpunkte und unterschiedlichen Standpunkte gibt es zu meinem Thema? Anschließend skizzieren Sie den Platz *Ihres* Themas in dem entworfenen Panorama.

Sitz in der Forschung feststellen

Nachdem wir Ideen entwickelt und ein präzis konturiertes Thema formuliert haben, können wir nun den Weg durch den Forschungsdschungel antreten. Auf diesem Weg begleiten uns die Hilfestellungen des folgenden Kapitels.

Rückblick

Ideen für eine wissenschaftliche Arbeit kann man über ein wissenschaftliches Journal gewinnen, durch graphische Verfahren wie Cluster, Strukturbaum und Analogierad oder durch gezielte Fragen an ein vorgestelltes Thema. Mit Hilfe des Themenfächers lässt sich das Thema präzise eingrenzen. Um Ihre Arbeit auf den Punkt zu bringen, sollten Sie Ihr Vorhaben in eine Frage fassen, zentrale Begriffe hinterfragen und den Kontext klären. Haben Sie Ihr Thema im Griff, testen Sie es anhand der 7 W-Fragen, die Ihre Fragestellung noch einmal von unterschiedlichen Seiten beleuchten.

Kapitel 4
Der Weg durch den Forschungsdschungel

Der Weg durch den Forschungsdschungel

12. Recherchieren

13. Lesen und Exzerpieren
- ◉ überfliegen
- ◉ Fragen stellen
- ◉ Text aufschlüsseln

14. Forschungsliteratur referieren / zitieren
- ◉ referieren
- ◉ Wann und wie zitieren?

12. Recherchieren

Um sich in der Fülle der Forschungsliteratur zurechtzufinden, müssen Sie entscheiden, welche Sekundärliteratur Sie auswerten wollen. Zunächst sollten Sie sich darüber klar werden, wie Sie die relevante Literatur am sichersten finden und wie Sie in der Fülle der Titel die richtige Auswahl treffen. Da die unterschiedlichen Disziplinen ganz verschiedene Möglichkeiten anbieten, um relevante Forschungsbeiträge zu erfassen, möchte ich Sie hier nicht systematisch in die Kunst des Bibliographierens einführen. Dafür bietet Ihr Institut sehr wahrscheinlich Einführungskurse an, die Sie unbedingt besuchen sollten, weil praktische Übungen hier viel erfolgreicher sind als jede Lektüre. Einige Tipps, die Sie unabhängig von Ihrem Fach und Spezialgebiet ausprobieren können, sollen Ihnen aber den Einstieg in die Literaturrecherche erleichtern:

Einstieg in die Literaturrecherche

- ◆ Schlagen Sie zunächst in einem Handwörterbuch oder Fachlexikon relevante Stichwörter zu Ihrem Themenbereich nach. Sie erhalten einen Überblick über den Forschungsstand und bekommen bereits Hinweise auf wichtige Forschungsbeiträge.

74 Kapitel 4: Der Weg durch den Forschungsdschungel

*Wir dürfen anneh-
men, dass im
gegenwärtigen
Augenblick gegen
fünfzigtausend
Menschen in
Deutschland leben,
die ein Buch oder
mehr geschrieben
haben. Steigt ihre
Zahl in der bisheri-
gen Progression, so
wird man einst ein
Verzeichnis aller
ältern und neuern
deutschen Autoren
verfertigen können,
das mehr Namen
enthalten wird, als
ein Verzeichnis aller
lebenden Leser.
Wolfgang Menzel,
Kritiker und
Redakteur
1798-1873*

♦ Nehmen Sie das neueste Buch oder den neuesten Artikel (Artikel sind meistens aktueller!) und gehen Sie den dort zitierten und im Literaturverzeichnis aufgeführten Forschungsbeiträgen nach. Dieses Schneeballsystem führt Sie zeitsparend zu der wichtigsten Literatur in Ihrem Arbeitsgebiet. Ausführliche Literaturangaben finden Sie vor allem in Dissertationen und Habilitationsschriften (*Hochschulschriftenverzeichnis der Deutschen Bibliographie*). Lediglich ganz aktuelle Neuerscheinungen erfassen Sie mit dieser Methode nicht.

♦ Plündern Sie den Schlagwortkatalog Ihrer Bibliothek. Hier finden Sie Literatur nach inhaltlichen Schwerpunkten sortiert. Probieren Sie auf jeden Fall mehrere verwandte Schlagwörter aus. Ihre Ausbeute wird zwar geringer sein als bei einer Internetrecherche, aber dafür auch übersichtlicher.

♦ In jeder systematisch, d.h. nach Sachgebieten geordneten Bibliothek finden Sie Bücher zu verwandten Themenbereichen beieinander. Informieren Sie sich an Ort und Stelle über den Bestand Ihrer Bibliothek. Bestimmt stoßen Sie dabei schon auf brauchbare Titel.

♦ Auch in größeren Buchhandlungen finden Sie Fachliteratur nach Sachgebieten sortiert. So entdecken Sie möglicherweise Neuerscheinungen, die Ihre Bibliothek noch gar nicht angeschafft hat.

♦ Aktuelle Literatur können Sie auch schnell in Online-Buchhandlungen finden: probieren Sie unterschiedliche Suchbegriffe aus.

♦ Ebenso bietet Ihnen das VLB (Verzeichnis lieferbarer Bücher) eine – allerdings nicht vollständige – Übersicht über Bücher, die Sie aktuell in deutschen Buchhandlungen kaufen können.

♦ Für zahlreiche Fachgebiete stellt Ihre Universitätsbibliothek online spezielle Datenbanken zur Verfügung. Dort können Sie nach Schlagwörtern oder Stichwörtern (Wörter, die im Titel eines Werkes auftauchen) suchen.

♦ Bibliographien zu speziellen Themenbereichen gibt es auch als selbstständige Publikationen, als Reihen oder als Literaturbericht (Aufsatz).

12. Forschungsliteratur lesen: wozu – wieviel? 75

- Hat Ihre Dozentin/Ihr Dozent ein Buch oder einen Aufsatz zu Ihrem Themenbereich veröffentlicht? Welche Literatur hat sie/er benutzt?
- Schmökern Sie regelmäßig in Periodika und Fachzeitschriften. Hier erfahren Sie den aktuellen Forschungsstand und stoßen auf anregende Fragen und Hypothesen.
- Nutzen Sie die Internetrecherche für eine erweiterte Material- und Literatursuche. Machen Sie sich aber zuvor mit den einschlägigen Online-Datenbanken und Informationsdiensten vertraut und besuchen Sie, wo nötig, eine Einführung in die Internetrecherche für Ihr Fachgebiet. Der Zeitaufwand lohnt sich allemal. Sie ersparen sich den Schock unübersehbarer Datenmengen und stundenlanges ergebnisloses Surfen.

Schau und du wirst es finden – was nicht gesucht wird, das wird unentdeckt bleiben.
Sophokles, grch. Politiker und Dichter um 497/96-406/405 v.Chr.

ÜBUNG

Wählen Sie ein Thema aus Ihrem Fachgebiet, das Sie interessieren könnte, das Sie aber im Augenblick nicht unbedingt bearbeiten müssen. Suchen Sie mit Hilfe der angebotenen Tipps nach geeigneter Literatur. Notieren Sie dabei alle Probleme, auf die Sie stoßen, damit Sie in einem Kurs zur Literaturrecherche, den Sie vielleicht besuchen wollen, schon gezielt nachfragen können. Je gezielter Sie fragen können, umso mehr profitieren Sie von einer solchen Veranstaltung. Übrigens: dieser »Tipp« gilt nicht nur für die Literaturrecherche!

Unsere gemeinsame Aufgabe beginnt, sobald die Bücherstapel auf Ihrem Schreibtisch liegen und Sie entscheiden müssen, welches Buch Sie gründlich lesen müssen, welchen Aufsatz Sie diagonal lesen können und welches Werk Sie sofort in die Bibliothek zurückbringen können.

Um diese Entscheidung treffen zu können, müssen wir uns zunächst klar machen, zu welchem Zweck wir überhaupt Forschungsliteratur lesen.

Dass Jedermann lesen lernen darf, verdirbt auf die Dauer nicht allein das Schreiben, sondern auch das Denken.
Friedrich Nietzsche, Philosoph 1844-1900

Es gibt drei Gründe, warum wir Sekundärliteratur lesen:
1. um unser Verständnis des Themas zu vertiefen,
2. um die eigene Position zu klären,
3. um den Ort des eigenen Themas in der »Forschungslandschaft« festzustellen.

Implikationen des Themas entdecken

1. In der Begegnung mit anderen Forschungsmeinungen erkennen wir möglicherweise erst die Implikationen des eigenen Themas. Wenn man sich intensiv mit einem Thema beschäftigt hat, können sich nämlich leicht »blinde Flecken« bilden: Manche Aspekte nehmen wir gar nicht mehr wahr, manche Ansätze kommen gar nicht erst in unser Blickfeld. Durch die unterschiedlichsten Forschungsmeinungen öffnet sich der eigene Horizont nun wieder und gibt den Blick auf die ganze Breite der Forschungsdiskussion frei. »Blinde Flecken« können natürlich auch durch mangelnde Sachkenntnis entstehen. Durch ein erstes Kreuz- und Quer-Lesen entdecken wir mögliche Fragestellungen, mit denen wir uns noch auseinandersetzen müssen. In jedem Fall garantiert die Sichtung der Forschung, dass wir keine relevanten Aspekte übersehen. Sind Sie bei Ihrer Suche von der neuesten Forschung in Ihrem Fachgebiet ausgegangen, haben einige Standardwerke zu Ihrem Thema durchgesehen und sind dabei wiederholt auf dieselben Fragestellungen gestoßen, können Sie beruhigt davon ausgehen, dass Ihnen keine wirklich zentrale Fragestellung entgangen ist.

Positionen klären

2. Um die eigene Position zu klären, müssen wir bereits eine vorläufige Antwort auf unsere zentrale Frage gefunden haben oder im Lektüreprozess finden. Indem wir die Forschungsmeinungen gegeneinander abwägen, Stellung beziehen, die einen verwerfen und uns anderen anschließen, bildet sich unsere eigene Position immer klarer heraus. Diesen eigenen Standort müssen wir nun in der Begegnung mit den Forschungsansätzen überprüfen. Dabei wird die vorläufige eigene Position möglicherweise korrigiert. Es können aber auch umgekehrt neue Argumente auftauchen oder Unklarheiten aus-

geräumt werden. Während wir die Forschung durcharbeiten, sammeln wir so bereits Material und Argumente für unsere Thesen.

3. Die Forschungspositionen zu einem Thema kann man sich wie auf einer Landkarte aufgezeichnet vorstellen: Neben Ballungsräumen, in denen sich zahlreiche ähnliche Positionen zusammenfinden, liegen vereinzelte Orte, mehr oder weniger weit voneinander und vom »Zentrum« entfernt. Es gibt »Gipfel«, die herausragen, und »Ebenen«, die wenig Abwechslung bieten. Es kommt nun darauf an, die Konturen auf dieser Landkarte deutlich zu erkennen: Welche Gruppierungen lassen sich unterscheiden, wo verlaufen die Grenzen zwischen den verschiedenen Forschungspositionen und wo steht unser eigenes Thema in dieser Forschungslandschaft? Wenn ich ungefähr sagen kann, welche Forscher bereits an ähnlichem Material gearbeitet haben wie ich oder ähnliche methodische Ansätze gewählt haben, kann ich mein Vorgehen und meine Materialauswahl gezielter bestimmen. Wenn ich etwa die Fiskalpolitik der USA untersuche, kann ich unterschiedliche Eingrenzungen dieses weiten Themas vornehmen. Ich schließe mich z.B. den Studien an, die finanzpolitische Maßnahmen des Staatssektors während des Zweiten Weltkriegs analysiert haben, und konzentriere mich dabei auf das Modell von John Maynard Keynes. Seine Thesen vergleiche ich mit den tatsächlich in den USA getroffenen Maßnahmen und erhalte so Einsichten in Rolle und Funktion des Krieges für die Entwicklung kapitalistischer Ökonomien.

eigenen Standort bestimmen

13. Lesen und Exzerpieren

Um uns in der Fülle der Forschungsliteratur zu orientieren, Brauchbares von Überflüssigem zu trennen, arbeiten wir mit dem folgenden Mindmap (Abb. 4.1).

ökonomisch lesen

13.1 Überfliegen

Zuerst überprüfen wir unsere Erwartungen durch Überfliegen des Textes. Wie der Pilot eines Hubschraubers schauen wir zunächst »von oben« auf die gesamte Arbeit, um dann an ausgewählten Stellen »tiefer zu fliegen«, genauer hinzusehen und anschließend wieder an Höhe zu gewinnen.

Inhaltsverzeichnis

Zunächst schauen wir uns das **Inhaltsverzeichnis** an:

♦ Zeigt die Gliederung mir schon, wie der Autor das gewählte Thema angeht und welche Schwerpunkte er setzt?

♦ Kann ich bereits ausmachen, welche Kapitel für mein Thema zentral sein werden, welche eher nebensächlich und welche ganz außerhalb meines Themas liegen?

Durchblättern

Beim anschließenden **Durchblättern** des Buches achten wir zunächst auf Zwischentitel, das Verhältnis von Hauptkapiteln und Unterkapiteln und den Umfang der einzelnen Kapitel. Diese Übersicht informiert uns genauer als das Inhaltsverzeichnis über die Schwerpunkte der Studie. Welchen Aspekten widmet der Autor umfangreiche Kapitel, welche werden nur gestreift?

Eye-Catcher

»Landeplätze« bei unserem Flug über die Seiten eines unbekannten Buches sind neben dem Inhaltsverzeichnis auch graphisch hervorgehobene Einzelheiten, sogenannte **Eye-Catcher**: Abbildungen mit ihren Untertiteln, Fett- oder Kursivgedrucktes, z.B. Zentralbegriffe, abgesetzte Zitate, Merkmale, die den Text strukturieren.

Es gibt Bücher, durch welche man alles erfährt und zuletzt von der Sache nichts begreift.
Johann Wolfgang Goethe

ÜBUNG

Wählen Sie ein Fachbuch für ein Thema, an dem Sie gerade arbeiten. Wenden Sie zunächst nur diese drei Verfahren an und machen Sie die Erfahrung, wie viel Ihnen diese ersten Schritte bereits über das Buch verraten.

13. Lesen und Exzerpieren 79

Abbildung 4.1

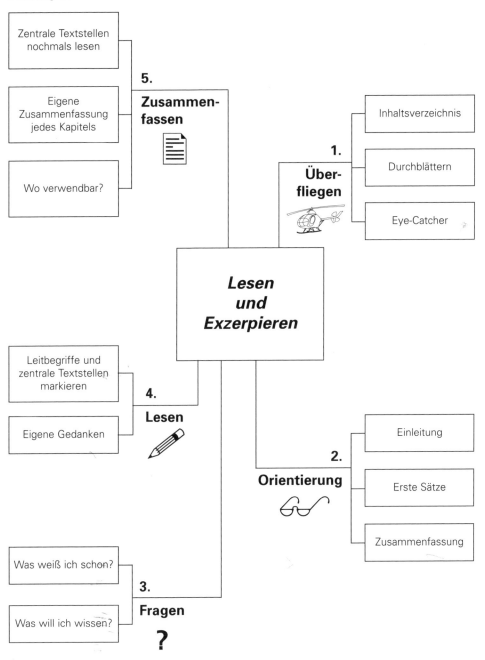

13.2 Orientierung

Einleitung auswerten

Anhand der **Einleitung** sehen wir, welches Material der Autor unter welcher Fragestellung mit welchem Ergebnis bearbeitet hat und welche Methode er dabei angewandt hat. Die Einleitung informiert uns also in der Regel darüber, ob die Studie für unsere eigene Fragestellung ergiebig sein wird. Gibt die Einleitung bereits einen kurzen Forschungsüberblick, erfahren wir auch, welcher Forschungsrichtung der Autor sich zurechnet. Als Studienanfänger wird Ihnen diese Einordnung in die Forschungslandschaft zunächst schwerfallen. Vertrauen Sie darauf, dass sich mit wachsender Kenntnis der kritischen Literatur auch Ihr »Forschungshorizont« weitet und Sie immer mehr Übung im Wiedererkennen untereinander verwandter Forschungsmeinungen gewinnen.

Eigentlich lernen wir nur von Büchern, die wir nicht beurteilen können. Der Autor eines Buchs, das wir beurteilen könnten, müsste von uns lernen.
Johann Wolfgang Goethe

Oft informiert der **erste Satz** eines Abschnitts bereits über seinen Inhalt. Es ist deshalb nützlich, in einem längeren Text zunächst den ersten Satz jedes Abschnitts zu lesen, um zu entscheiden, ob das Kapitel eine intensive Lektüre lohnt.

erste Sätze aufmerksam lesen

ÜBUNG

Sehen wir uns ein Beispiel an. Ein Artikel zum Thema »Umweltfreundliche Stromerzeugung« soll auf seine zentralen Aussagen hin untersucht werden. Die folgenden 11 Sätze leiten jeweils einen neuen Absatz ein. Wenn Sie sie hintereinander lesen, gewinnen Sie einen ziemlich genauen Eindruck, worum es in dem Artikel geht und welche Thesen er aufstellt. Prüfen Sie selbst!

Wer gewinnt den Kampf um die Stromkunden?
Der steinige Weg zur umweltfreundlichen Stromerzeugung/ Kerstin Eitner und Sven Teske

1. *Fast unbemerkt von der breiten Öffentlichkeit hielt am 28. April 1998 mit der Verabschiedung des neuen Energiewirtschaftsgesetzes der Wettbewerb Einzug auf dem deutschen Strommarkt.*

2. *Theoretisch haben nun alle Verbraucher das Recht, ihren Stromversorger frei zu wählen.*

13. Lesen und Exerpieren   81

3. *Es verwundert nicht, dass die Monopolisten keine Bereitschaft zeigen, ihre privilegierte Stellung kampflos aufzugeben.*

4. *Die seit Ende April 1998 geltenden neuen Rahmenbedingungen bieten die historische Chance, einen Strommix anzubieten, der im doppelten Sinne »sauber« ist: ohne Mogeleien und Willkür beim Strompreis, dabei gleichzeitig klimafreundlich und atomstromfrei.*

5. *Den sauberen Strommix der Zukunft definiert Greenpeace wie folgt: Er muß die klimazerstörenden Kohlendioxid-Emissionen gegenüber einer durchschnittlichen Kilowattstunde Strom, wie sie derzeit in Deutschland erzeugt wird, um zwei Drittel reduzieren, und er muss frei von Atomstrom sein.*

6. *Die Nutzung der Stromnetze, ein ganz entscheidender Baustein bei der Stromversorgung, ist für jeden Anbieter der Schlüssel zum freien Wettbewerb.*

7. *Alternativ zur Vereinbarung haben sechs Bundesländer eine so genannte »Netzzugangsverordnung« erarbeiten lassen.*

8. *Kernpunkte des Netzzugangskonzepts für sauberen Strom sind repräsentative Normganglinien, die sich nach Kundengruppe, Tageszeit und Jahreszeit unterscheiden.*

9. *Eine repräsentative Emnid-Umfrage im Auftrag von Greenpeace vom April 1998, noch vor Verabschiedung des neuen Energiewirtschaftsgesetzes, hatte ein großes Interesse der Befragten für die Nutzung erneuerbarer Energien ergeben.*

10. *Bislang haben sich sowohl Wirtschaftsminister Müller als auch seine Kabinettskollegen bei diesem Thema sehr zurückgehalten.*

11. *Die bisherigen Erfahrungen mit der Liberalisierung – ob auf dem Telekommunikations- oder dem Strommarkt – haben gezeigt, dass es ohne gesetzliche Regelungen nicht geht.*

Aus: Frankfurter Rundschau, 2.5.2000, Nr.101; S.11

Formulieren Sie jetzt in wenigen Sätzen, was Sie nach Ihrer Meinung in diesem Artikel erfahren.

Zusammenfassung als komprimierte Information nutzen

Neben der Einleitung geben **Zusammenfassungen** Auskunft über die zentralen Aussagen eines Textes. Neuere Veröffentlichungen schließen ihre Kapitel häufig mit kurzen Zusammenfassungen, die auch graphisch hervorgehoben sind. Wir können dann von Fall zu Fall entscheiden, welche Kapitel wir gründlicher lesen wollen und welche wir überschlagen können. Wenn das Buch keine Zwischenzusammenfassungen enthält, ist die Schlusszusammenfassung besonders wichtig. Nach diesem ersten »Rundflug« können wir entscheiden, ob das gewählte Buch für uns nützlich ist oder nicht.

13.3 Fragen

Bevor wir in die intensive Lektüre der Sekundärliteratur einsteigen, klären wir, was wir schon über unser Thema wissen. Die Übersicht über bereits vorhandenes Wissen erleichtert uns die anschließende Einordnung des Gelesenen in unser eigenes Ideenkonzept. Zugleich fördert diese Einordnung das Verstehen des Gelesenen und die selbstständige Auseinandersetzung mit dem fremden Text. Am besten sammeln Sie das bereits vorhandene Wissen *vor* der Lektüre in einigen kurzen Notizen.

eigenes Wissen aktualisieren

Fragen an die Sekundärliteratur stellen

Als nächstes sollten wir uns klar machen, welche Fragen uns die Forschung beantworten soll. Welche Fragen müssen wir stellen, um unser Thema bearbeiten zu können? Auf diese Fragen suchen wir Antworten in der Sekundärliteratur.

Unausgesprochen haben wir außerdem meistens eine bestimmte Lektüreerwartung, die erfüllt oder enttäuscht wird: es ist nützlich, sich jeweils in der Anfangsphase der Lektüre bewusst zu machen, welche Antworten auf meine Forschungsfragen ich mir gerade von *diesem* Buch erwarte. Kenne ich meine Erwartungen, fällt es mir in der Regel leichter, zu entscheiden, welche Passagen eines Buches ich besonders genau lesen möchte und welche ich überfliegen kann.

Nehmen wir an, ich bearbeite das Thema »Schwindel in Alfred Hitchcocks Film *Vertigo*«. Vor mir liegt James Monacos Buch »Film verstehen«. Ich suche genaue Informationen über technische und gestaltende Verfahren, die den

Eindruck des Schwindels erzeugen. Ich sehe aus dem detaillierten Inhaltsverzeichnis, dass die Kapitel »Filmtechnik: Bild und Ton« sowie »Filmsprache: Zeichen und Syntax« Antworten auf meine Fragen geben werden.

Je nach der Ausrichtung meines Themas dient mir die Forschungsliteratur dazu, Antworten auf die Unterfragen meiner Untersuchung zu finden. Je genauer ich also weiß, welche Fragen ich stellen muss, um so deutlicher antwortet mir die Sekundärliteratur. Unsere Aufmerksamkeit richtet sich nämlich stärker auf die Aussagen und Informationen des Textes, für die unser Interesse bereits geschärft ist. Durch unsere Fragestellung werfen wir so gleichsam beim Lesen ein Netz aus, in dem sich diejenigen Informationen fangen, die Antworten auf unsere Fragen bieten. Wie durch ein Raster filtert so unsere Fragestellung den Ertrag der Forschung für unsere Arbeit.

Der Zufall ist immer kraftvoll. Lass deinen Haken immer ausgeworfen; im Teich werden dort Fische sein, wo du sie am wenigsten erwartest.
Ovid, röm. Dichter 43 v.Chr.-17 n.Chr.

13.4 Lesen

Das systematische Lesen der Forschung ist immer ein systematisches Durcharbeiten. Fotokopien können diese eigene Arbeit nicht ersetzen; sie lassen lediglich ein unbeschwertes Anstreichen zu und ersparen das Abschreiben geeigneter Zitate. Fotokopieren Sie möglichst wenig! So geraten Sie nicht in Gefahr, zu fotokopieren statt zu exzerpieren, abzuheften statt durchzuackern.

Beim ersten Lesen markieren Sie **Leitbegriffe** und **zentrale Textstellen**. Leitbegriffe sind diejenigen Begriffe, die unter der gegebenen Fragestellung die Ergebnisse *dieses* Textstücks unverwechselbar festhalten.

möglichst wenig fotokopieren!

ÜBUNG
Nehmen wir als Beispiel einen Textausschnitt zum Thema »Was ist ein Text?« Unterstreichen Sie Leitbegriffe, die charakteristische Feststellungen für *diesen* Text treffen.

Leitbegriffe markieren

In diesem Buch befassen wir uns speziell mit einer Textsorte, dem Lehr- oder Studientext, der zur Wissensvermittlung, zur

Unterrichtung, als Lehrmaterial verfaßt wird. Die Kommunikationssituation ist dabei dadurch gekennzeichnet, dass ein Wissensgefälle vom Autor zum Leser besteht. Der Autor hat sich über einen Realitätsbereich Kenntnisse angeeignet, die er Nichtwissenden mit Hilfe des Textes vermitteln möchte: Kognitionspsychologisch lässt sich die Situation vereinfacht so beschreiben: Der Textautor hat eine Wissensstruktur im Kopf. Diese kann als zusammenhängender Komplex von Begriffen oder Konzepten aufgefaßt werden, der einen bestimmten Realitätsbereich repräsentiert. Man kann sich eine Wissensstruktur anschaulich als ein vielfältig verknüpftes Netz vorstellen. In einem derartigen Netzwerk repräsentieren die Knoten Konzepte, die durch bestimmte Beziehungen miteinander verbunden sind. Beim Schreiben wird dieses Netz in der Sprache vergegenständlicht oder auf das Papier externalisiert. Dazu muss es in einer bestimmten Abfolge aufgeknüpft werden, denn die Sprache präsentiert Informationen nur nacheinander. Das Netzwerk wird in eine Sequenz von Sätzen überführt, wobei die Verbindungen im Netz nicht verlorengehen. Der inhaltliche Zusammenhang in einem Text, seine Kohärenz, wird durch verschiedene sprachliche »Bindemittel« gewährleistet. Eine Liste unverbundener Sätze wird kein Leser als sinnvollen Text akzeptieren. Die Aufgabe eines Lesers besteht nun darin, aus der linearen Sequenz im Text wieder eine netzartige Wissensstruktur in seinem Kopf zu rekonstruieren.

S.-P. Ballstaedt, H. Mandl, W. Schnotz, S.O.. Tergan: Texte verstehen, Texte gestalten. München-Wien-Baltimore, 1981, S. 15.

Vergleichen Sie nun Ihre Leitbegriffe mit den hier hervorgehobenen: »Wissensstruktur«, »Netzwerk«, »lineare Sequenz«, »Kohärenz«. Anhand dieser Leitbegriffe könnten Sie den Text auch nach Wochen noch identifizieren, weil diese Begriffe die Argumentation tragen. Leitbegriffe sind also tragende Begriffe, die komprimiert den Gedankengang des Textes enthalten. Allgemeine Begriffe dagegen wie »Wissensvermittlung«, »Schreiben« oder »Leser« benennen lediglich den Untersuchungsgegenstand. Sie umreißen das Thema, charakterisieren aber nicht unverwechselbar die Argumentation *dieses* bestimmten Forschungsbeitrags.

13. Lesen und Exzerpieren 85

Leitbegriffe treten im Lektüreprozess erst nach und nach hervor. Deshalb werden Sie die Leitbegriffe und Kernaussagen immer deutlicher identifizieren, je intensiver Sie die Argumentation des Textes nachvollziehen. Ihr Verständnis des Textes wird wachsen und Ihr Gespür für die zentralen Textaussagen wird zunehmen.

ÜBUNG

Kennzeichnen Sie im eben bearbeiteten Text jetzt neben den Leitbegriffen auch die Textstellen, die Ihnen für die Fragestellung »Was ist ein Text?« zentral erscheinen. Der ungeübte Leser wird viel zu viele Textstellen markieren und das Wesentliche eines Textes nicht beim ersten Anlauf erfassen. Hier gibt es nur eine Lösung: üben, üben, üben! Das bedeutet, als Anfänger mehrere kleine Schritte zu tun, die später, wenn Sie sicherer geworden sind, wahrscheinlich überflüssig werden. Nehmen Sie zunächst Abschnitt für Abschnitt des Textes vor und unterstreichen Sie die wichtigsten Sätze. Dabei helfen Ihnen folgende Fragen:
– Was ist das Thema dieses Abschnitts?
– Was ist die wichtigste Aussage zu diesem Thema?

zentrale Textstellen markieren

Die unterstrichenen Sätze oder Satzteile müssen keinen fortlaufenden Zusammenhang ergeben; wir wählen sie lediglich als Erinnerungsstützen für das folgende eigene Exzerpt, d.h. für die Zusammenfassung des Gelesenen in eigenen Worten. In unserem Beispieltext würden wir folgende Sätze markieren: *Der Textautor hat eine Wissensstruktur im Kopf. ... Das Netzwerk wird in eine Sequenz von Sätzen überführt. ... seine Kohärenz wird durch verschiedene sprachliche »Bindemittel« gewährleistet. ... Aufgabe eines Lesers, ... aus der linearen Sequenz im Text wieder eine netzartige Wissensstruktur ... zu rekonstruieren.*

Hilfreich ist es auch, verschiedene Fragestellungen mit unterschiedlichen Farben oder mit selbstgewählten Symbolen am Rand des gelesenen Textes zu markieren. Dadurch wird die innere Struktur des Textes klarer sichtbar:

♦ Welche Themen werden besonders intensiv behandelt?
♦ Wie werden verschiedene Themen verknüpft?
♦ Welche Schwerpunkte werden in welchen Passagen gesetzt?

Wenn Sie einen Text so markiert haben, können Sie später auf einzelne Aspekte des Gelesenen zurückgreifen, ohne den gesamten Text noch einmal durcharbeiten zu müssen.

Während Sie Forschungsliteratur durcharbeiten, sollten Sie unbedingt den **eigenen Gedanken** Raum geben, die als Assoziationen, als Fragen, als kritische Kommentare und Ergänzungen auftauchen. Erfahrungsgemäß entstehen nämlich die anregendsten Einfälle gerade dann, wenn man sich mit der Forschungsliteratur auseinandersetzt. Legen Sie während des Lesens ein Blatt Papier neben sich und notieren Sie *sofort* alle eigenen Einfälle. Notieren Sie auch, auf welche Textstelle sich Ihr Einfall bezieht. Die begleitenden Gedanken lassen sich auch auf »Memos«, kleinen selbsthaftenden Zetteln notieren, die an Ort und Stelle in den gelesenen Text eingeklebt werden. Selbstverständlich können eigene Notizen auch auf einer Computerseite festgehalten werden, die mit der Exzerptseite verknüpft ist. Ihre Gedankensplitter liefern Ihnen später eine ergiebige Basis für Ihre eigene Stellungnahme.

eigene Assoziationen festhalten

Im Kopf arbeite ich immer. Ich ertappe mich oft dabei, dass ich einen Satz ununterbrochen wiederhole, bis ich ihn aufgeschrieben habe. Überall liegen Blocks und Stifte, denn wenn ich die Sachen in meinem Kopf nicht sofort fixiere, sind sie weg.
Friederike Mayröcker, österr. Schriftstellerin geb. 1924

13.5 Zusammenfassen

Um die Frage nach Thema und Hauptaussage eines Abschnitts zu beantworten, genügt es oft nicht, ein oder zwei Sätze zu unterstreichen; wir müssen vielmehr eine knappe Antwort formulieren. Dies ist der erste Schritt zum eigenen Exzerpt, der Zusammenfassung eines fremden Textes.

Bei der Zusammenfassung des Gelesenen in eigenen Worten kommt es vor allem darauf an, so knapp wie möglich, dabei aber so ausführlich und präzise wie nötig vorzugehen. Oft gibt man sich nämlich mit allgemeinen, ungenauen Formulierungen zufrieden, die zwar im Augenblick des Schreibens für konkrete Inhalte stehen, nach einiger Zeit aber schon nicht mehr verständlich sind. Mit Hilfe der Leitbegriffe und einer groben Skizze der Argumentation schreiben wir eine Zusammenfassung, die uns auch noch nach längerer Zeit den logischen Zusammenhang rekonstruieren lässt.

13. Lesen und Exzerpieren   87

Kommen wir noch einmal auf die beiden Fragen zurück, die uns helfen, den Text aufzuschlüsseln:

Text aufschlüsseln

- ◆ Was ist das Thema dieses Abschnitts?
- ◆ Was ist die wichtigste Aussage zu diesem Thema?

In unserem Beispieltext heißt das Thema: *Was ist ein Text?* Die Antwort lautet, grob umrissen: *Ein Text ist der Transfer einer Wissensstruktur.* Die wichtigste Aussage lautet: *In einem Text wird die Wissensstruktur des Autors in eine kohärente lineare Sequenz überführt, die der Leser wiederum in ein Netzwerk des Wissens transformiert.* Wir lassen hier außer acht, dass es selbstverständlich noch viele andere Definitionen eines Textes gibt. Uns interessiert im Augenblick nur der gewählte Textausschnitt und seine zentrale Aussage.

Nachdem Sie ein Kapitel – oder bei sehr komplexen Texten: einige Seiten – auf diese Weise durchgearbeitet haben, lesen Sie die markierten Textstellen nochmals durch und versuchen, Abschnitte mit ähnlichen Themen unter jeweils *einer* Frage zusammenzufassen. Ebenso versuchen Sie, die Antworten auf diese Fragen in ein oder zwei Kernaussagen zu konzentrieren. So entsteht eine Skizze der Gedankenführung, die Sie durch Beispiele aus dem Text oder besonders sprechende Zitate ergänzen können. Wichtig ist in jedem Fall, dass Sie sich den fremden Gedankengang durch Ihre eigene Reformulierung verfügbar machen, anstatt das Gelesene nur durch wortwörtliches Abschreiben ausgewählter Passagen festzuhalten. Sobald wir uns nämlich eine neue Information durch Umformulieren gedanklich zu eigen machen, steht sie uns zur späteren Bearbeitung zur Verfügung. Wir können dann viel souveräner über dieses neue Wissen verfügen, als wenn wir es bloß mechanisch reproduziert hätten.

eine zentrale Frage pro Texteinheit finden, eine Antwort als Kernaussage formulieren

Was man nicht versteht, besitzt man nicht.
Johann Wolfgang Goethe

Zur eigenen Reorganisation des Gelesenen gehört auch, die innere Struktur des Textes zu erfassen. Graphische Darstellungsformen sind hier besonders hilfreich. Der Strukturbaum, den wir schon bei der Entwicklung eigener Ideen kennengelernt haben, kann die Argumentation eines Textes abbilden: Die Zweige stellen die Kategorien und Subkategorien dar und machen so ihren Zusammenhang sichtbar.

Gelesenes auch als graphische Skizze festhalten

⇒ Baustein 6

Kapitel 4: Der Weg durch den Forschungsdschungel

⇒ Baustein 15

Auch Mindmaps stellen die Schwerpunkte eines Textes übersichtlich dar.

Gelesenes schon der geplanten Arbeit zuordnen

Während des Lesens und Exzerpierens sollten Sie bereits überlegen, an welcher Stelle Ihrer Arbeit Sie das Gelesene verwenden wollen. Entsprechend können Sie die Exzerpte den Kapiteln Ihrer Arbeit zuordnen. Das spart viel Zeit und Mühe. Ist die Zuordnung ungewiss, erhält das Exzerpt einen entsprechenden Vermerk »evtl. auch in Kapitel 10«. Diese Arbeitsweise zahlt sich später beim Schreiben aus: Sobald wir ein neues Kapitel beginnen, haben wir unser gesamtes Material vor uns und müssen nicht erst mühsam – und für jedes neue Kapitel aufs Neue! – unsere sämtlichen Exzerpte durchsehen. Legen Sie im PC entsprechende Ordner/Dokumente für jedes Kapitel an und drucken Sie Ihre Aufzeichnungen vor Beginn der Textarbeit aus. Wenn Sie auf Papier exzerpieren, wählen Sie einen Ordner (z.B. Pappdeckel) für jedes Kapitel.

Wenn Sie nicht mehr als zwanzig oder dreißig Titel der Sekundärliteratur verarbeiten, genügt die genaue Erfassung der bibliographischen Angaben auf Karteikarten und die Zusammenfassung der wichtigsten Ergebnisse in thematisch bezeichneten Ordnern. Wenn Sie aber sehr viel Forschungsliteratur oder Daten bearbeiten müssen, sollten Sie ein Literaturverwaltungsprogramm benutzen. In der Servicestelle Ihrer Universitätsbibliothek oder Ihres universitären Rechenzentrums erfahren Sie, welches Programm für Ihren Arbeitskontext am besten geeignet ist.

14. Forschungsliteratur referieren / zitieren

Wie referiere ich Sekundärliteratur in meiner Arbeit?

Sie können Texte sinngemäß referieren oder wörtlich zitieren. Wenn Sie eine längere Textpassage zusammengefasst in Ihrer Arbeit wiedergeben, so sollte diese Zusammenfassung möglichst knapp sein und folgende Fragen beantworten:

14. Forschungsliteratur wiedergeben

- Wer hat den Text verfasst?
- Wo ist er erschienen?
- Was will die Autorin herausfinden?
- Wie geht die Autorin vor?
- Zu welchen Ergebnissen kommt die Autorin?

»Wer« und »Wo« sind durch Angabe von Autor, Titel, Erscheinungsjahr und Ort hinreichend beantwortet. »Was« ergibt sich im günstigsten Fall durch den Titel des Buches oder Aufsatzes. Meistens ist jedoch eine Erläuterung der Fragestellung nötig. Hierauf folgt eine Kennzeichnung des wissenschaftlichen Ansatzes oder der grundlegenden Bewegungen einer Untersuchung. Die Ergebnisse geben wir gedrängt als Fakten wieder und können dabei die Leitbegriffe des Forschungsbeitrags als Zitate einführen.

> **ÜBUNG**
> Stellen Sie sich vor, dass Sie in Ihrer Hausarbeit den Ihnen schon bekannten Forschungsbeitrag zum Thema »Was ist ein Text?« kurz referieren sollen (S. 83–84). Schreiben Sie eine Zusammenfassung und berücksichtigen Sie die genannten Orientierungsfragen. Anschließend vergleichen Sie Ihre Textwiedergabe mit der folgenden Fassung.

Beispiel einer Textzusammenfassung

Die Arbeitsschritte werden hier, wie Sie sehen, am Modell eines sehr kurzen Textabschnitts entwickelt; in der Praxis haben Sie es natürlich mit längeren Texten zu tun, die Sie jedoch nach demselben Muster zusammenfassend wiedergeben können:

1. Wer? Wo? Was?
In ihrer Studie »Texte verstehen, Texte gestalten« erläutern Ballstaedt, Mandl, Schnotz und Tergan einleitend die Grundannahmen einer Theorie der Textverarbeitung.

2. Vorgehen? Zentrale Aussage? Leitbegriffe? Ergebnisse?
Sie entschlüsseln kognitionspsychologisch den Prozess der Wissensvermittlung als Transfer einer »Wissensstruktur«.

90   Kapitel 4: Der Weg durch den Forschungsdschungel

3. Verweis auf die Quelle, zentrale Begriffe übernehmen:
Danach bildet diese Struktur ein »Netzwerk«, das der Autor in eine lineare sprachliche Abfolge überführen muss.

4. Eine zentrale Aussage zitieren (freigestellt!):
Aufgabe des Lesers ist es nun, im Verstehen des Textes aus dieser linearen Verknüpfung »wieder eine netzartige Wissensstruktur in seinem Kopf zu rekonstruieren.«

Die Zusammenfassung soll zusätzlich noch die Quelle und den Zitatnachweis enthalten. Hier noch einmal der Text im Zusammenhang:

In ihrer Studie »Texte verstehen, Texte gestalten«[1] erläutern Ballstaedt, Mandl, Schnotz und Tergan einleitend die Grundannahmen einer Theorie der Textverarbeitung. Sie entschlüsseln kognitionspsychologisch den Prozess der Wissensvermittlung als Transfer einer »Wissensstruktur«. Danach bildet diese Struktur ein »Netzwerk«, das der Autor in eine lineare sprachliche Abfolge überführen muss. Aufgabe des Lesers ist es nun, im Verstehen des Textes aus dieser linearen Verknüpfung »wieder eine netzartige Wissensstruktur in seinem Kopf zu rekonstruieren.«[2]

Wie kennzeichne ich die Position des Sprechers im Text?

In jeder Zusammenfassung eines Forschungsbeitrags ist es wichtig, dass an jeder Stelle des Textes zweifelsfrei erkennbar wird, **wer** spricht: der Autor, dessen Position wiedergegeben wird, oder der Schreiber einer wissenschaftlichen Arbeit, der den Forschungsbeitrag referiert. Es gibt verschiedene Möglichkeiten, diesem Gebot der zweifelsfreien Zuordnung nachzukommen:

♦ die Wiedergabe im Konjunktiv
♦ wiederholte Hinweise auf den Autor/die Autorin des Forschungsbeitrags,
♦ Kennzeichnung des gesamten Resümees als Forschungsposition.

---

[1] *S.- P. Ballstaedt, H. Mandl, W. Schnotz, S. O. Tergan: Texte verstehen, Texte gestalten. München-Wien-Baltimore: Urban & Schwarzenberg 1981.*
[2] *Ballstaedt u.a.: Texte verstehen, Texte gestalten, S.15.*

14. Forschungsliteratur wiedergeben   91

Ich könnte die Forschungsposition z.B. im Konjunktiv wiedergeben:

Der Prozess der Wissensvermittlung bedeute den Transfer einer »Wissensstruktur«. Diese Struktur bilde ein Netzwerk, das der Autor in eine lineare sprachliche Abfolge überführen müsse.

Konjunktiv

Bei einer kurzen Wiedergabe der Forschung von zwei oder drei Zeilen bietet sich der Konjunktiv an. Bei längeren Textpassagen bevorzugt man gern den Indikativ. Um jedoch die Aussagen klar als Forschungspositionen zu markieren, weist man auf den Autor der referierten Studie hin:

Verweis auf den Autor

Für Ballstaedt bedeutet der Prozess der Wissensvermittlung den Transfer einer »Wissensstruktur«. Er weist nach, dass diese Struktur ein Netzwerk bildet , das der Autor in eine lineare sprachliche Abfolge überführen muss.

Am einfachsten ist es, in einer Textwiedergabe durch einmaligen Rückverweis auf die Quelle alle künftigen Aussagen als Ergebnisse der genannten Studie zu charakterisieren:

einmalige Nennung der Quelle

Ballstaedt entschlüsselt den Prozess der Wissensvermittlung als Transfer einer »Wissensstruktur«. Danach bildet diese Struktur ein »Netzwerk«, das der Autor in eine lineare sprachliche Abfolge überführen muss.

Im Unterschied zur Textzusammenfassung empfiehlt es sich in *einigen* Fällen, ganze Textpassagen nicht frei zu umschreiben, sondern wörtlich wiederzugeben, zu zitieren:

Wann zitiere ich wörtlich?

◆ Wenn ein Textausschnitt (Forschung, Primärtext, Quelle) anschließend interpretiert werden soll,

◆ wenn ein spezieller Begriff eingeführt wird, den ich übernehmen will,

◆ wenn der Autor eine Kernaussage trifft, die meine Argumentation stützt.

Wenn Sie wörtlich zitieren, müssen Sie Ihre Fundstelle nachweisen:

◆ durch eine vollständige Angabe oder einen Kurzbeleg in der Fußnote

92 Kapitel 4: Der Weg durch den Forschungsdschungel

oder

♦ durch eine Angabe im Fließtext in Klammern.

⇒ Baustein 22 Die Regeln hierzu finden Sie im 6. Kapitel. Wenn Sie sich nur sinngemäß auf Forschungsliteratur beziehen, weisen Sie durch »vgl.« auf Ihre Quelle hin. Wenn Sie Kapitel oder Seite Ihrer Quelle wissen, geben Sie diese an; ansonsten genügt bei sinngemäßer Wiedergabe auch die Nennung der Quelle ohne Seitenangabe. Auch müssen Sie nicht jeden Gedanken nachweisen, sondern lediglich längere inhaltliche Übernahmen oder Gedanken, deren Herkunft ein Kenner Ihrer Thematik klar identifizieren könnte. Diese Nachweise stehen in der Regel am Ende eines Satzes oder eines Absatzes.

Was und wieviel sollte ich zitieren? Die oft gestellte Frage: »Wieviel muss ich/darf ich zitieren?« lässt sich nicht für alle Fächer gleich beantworten; es gibt zitierfreudige und weniger zitierfreudige Disziplinen. Grundsätzlich ist aber festzustellen, dass ein Übermaß an Zitaten der Arbeit eher schadet. Zu unterscheiden ist hier zunächst zwischen Zitaten von Primärtexten oder Quellen und Forschungsbeiträgen. In einer wissenschaftlichen Arbeit erscheinen Zitate niemals um ihrer selbst willen, sondern *Zitate immer interpretieren!* dienen als Material, das interpretiert wird, oder als Belege einer Forschungsmeinung. Dementsprechend müssen sie gedeutet und in die eigene Argumentation eingebaut werden. Zitate sind also nur dann sinnvoll, wenn in ihnen nicht bloße Informationen transportiert werden, die der Schreiber einer wissenschaftlichen Hausarbeit ebenso leicht selber referieren könnte. In einer Studie zur Chancengleichheit in der Koedukation zitiert ein Student eine Umfrage folgendermaßen: *Alle befragten Schulleiter und Studienrätinnen antworteten übereinstimmend, dass die Koedukation – außer der Schaffung der sanitären Voraussetzungen – in keinerlei Weise vorbereitet worden sei, weder durch didaktische und curriculare Maßnahmen noch durch Lehrerinnenweiterbildung.* Eine solche Aussage muss nicht interpretiert werden; sie ist unmissverständlich, sie referiert Fakten und ist deshalb als Zitat ungeeignet. Ganz anders dagegen die Enzyklika zur Koedukation von 1929 unter Papst Pius XI., in der es heißt:

14. Forschungsliteratur wiedergeben 93

Der Schöpfer hat nach Regeln und Ordnung das Zusammenleben der beiden Geschlechter vollständig nur in der Einheit der Ehe, dagegen in verschiedenen Abstufungen in der Familie und Gesellschaft gewollt. Ferner lässt sich aus der Natur, welche die Verschiedenheit im Organismus, in den Neigungen und Anlagen hervorbringt, kein Beweis herleiten, dass eine Vermischung oder gar eine Gleichheit in der Heranbildung beider Geschlechter tunlich oder notwendig wäre.

Ein solcher Passus ist interpretationsbedürftig und deshalb als Zitat geeignet. Er enthält Implikationen, Voraussetzungen und Urteile, die es zu entschlüsseln gilt.

Fachbegriffe der Forschung werden am besten durch Zitate eingeführt. So heißt es in einer Studie über die Wirkungen der Verkaufsförderung:

Fachbegriffe zitieren

Unter Verkaufsförderung (Sales Promotion) verstehen wir »zeitlich befristete Maßnahmen mit Aktionscharakter [...], die andere Marketing-Maßnahmen unterstützen und den Absatz bei Händlern und Konsumenten fördern sollen« (Karen Gedenk: Verkaufsförderung. München 2002, S.11).

Finden wir in der Sekundärliteratur eine Kernaussage, die unsere eigene Position stützt, so kann ein wörtliches Zitat nützlich sein. In einer Untersuchung über »Die Wirkung von Gewaltdarstellungen im Fernsehen« wird ein Zitat eingesetzt, um zu bekräftigen, dass Kinder lernen müssen, selbstverantwortlich mit dem Medium Fernsehen umzugehen:

Kernaussagen zitieren

Ben Bachmair betont, dass es »entscheidend wichtig ist, dass Kinder die Chance bekommen, das Leitmedium der modernen Medien- und Warenwelt für sich nutzbar zu machen, indem sie sich das herausholen, was sie in ihrem Alltagsleben brauchen« (Ben Bachmair: TV-Kids, Ravensburg, 1993, S.121).

Syntaktisch sollen Zitate wie im obigem Beispiel in den fortlaufenden Text integriert werden, wo immer es ohne stilistische Verrenkungen möglich ist. Dies gilt besonders für kurze Zitate; bei längeren Textausschnitten wird das Zitat in

Zitate in den Text integrieren

die vorangehende oder nachfolgende Interpretation eingebettet.

Kurze Zitate werden in Anführungszeichen gesetzt. Zitate, die länger sind als drei Zeilen, werden eingerückt und einzeilig, eventuell auch kursiv, ohne Anführungszeichen geschrieben. Auslassungen mitten im Zitat werden durch eckige Klammern gekennzeichnet. Auch eigene Hinzufügungen erscheinen in eckigen Klammern mit dem Zusatz »Anm. d. Verf.«.

Wenn Sie ein Zitat anführen, in dem bereits ein Zitat vorkommt, setzen Sie den dort zitierten Text in einfache Anführungszeichen: »Ist der Mensch gut oder böse? Böse im Sinne von ›gnadenlos egoistisch‹ sicher nicht, sein Gefühl für Fairness macht ihn aber noch nicht zum guten Menschen. ›Reziproker Altruismus‹ hält auch die Mafia zusammen‹«. Wenn Sie ein längeres Zitat einrücken, können Sie die doppelten Anführungszeichen innerhalb des Zitats beibehalten, weil das gesamte Zitat nicht in Anführungszeichen erscheint.

Jedes Zitat braucht einen Literaturnachweis: entweder als Kurzbeleg in Klammern oder mit hochgestellter Ziffer in einer Anmerkung. In Kapitel 6 lesen Sie, wie Sie die Literaturangaben formal gestalten.

⇒ Baustein 22

Fußnoten nur für Begleitinformationen nutzen

Studierende neigen dazu, die Forschungsdiskussion in die Fußnoten zu verbannen. Man umgeht auf diese Weise zwar die Schwierigkeit, fremde Meinungen in den eigenen Argumentationszusammenhang integrieren zu müssen, läuft aber zugleich Gefahr, einen »Begleittext« zu produzieren, der nicht gebührend wahrgenommen wird. Jeder wissenschaftliche Text sollte deshalb so strukturiert sein, dass die entscheidende Argumentation ohne die Fußnoten nachvollziehbar ist. In die Fußnoten blickt der Leser nämlich in der Regel nur dann, wenn er die ihm angebotenen weitergehenden Informationen verwerten kann oder wenn die entwickelte Argumentation seine Kritik herausfordert. Das bedeutet: jeder Gedanke, der meine Argumentation trägt, gehört in den Text meiner Arbeit, *nicht* in die Fußnoten! Dies gilt vor allem, wenn in der Einleitung der Stand der

14. Forschungsliteratur wiedergeben

Forschung vorgetragen wird. Hier gehören nur die biblio-graphischen Nachweise in die Fußnoten, weil sie den Text-fluss unnötig unterbrechen würden.

⇒ Baustein 20

Mitunter sind Fußnoten aber durchaus sinnvoll:

Wann setze ich Fußnoten?

♦ um wörtliche Zitate mit vollständigen bibliographischen Angaben nachzuweisen,
♦ um auf Forschung zu verweisen, die wir sinngemäß zitieren und im Literaturverzeichnis detailliert aufführen,
♦ um auf weiterführende Studien hinzuweisen,
♦ um Aspekte knapp anzusprechen, die nicht zentral sind, aber ergänzend interessant sein können.

Wir haben nun durch Lesen und Exzerpieren die For-schungsliteratur erschlossen, Ergebnisse durch gezieltes Zu-sammenfassen gesichert und unsere eigenen Gedanken zum Text notiert. Jetzt besitzen wir bereits ein Reservoir an Ideen, Fragen, Kritik, Ergänzungen und Kommentaren, auf das wir zurückgreifen können, wenn wir unsere Argumen-tation entwerfen und dabei selbst Stellung beziehen.

Rückblick

Forschungsliteratur lesen Sie, um Ihr Thema besser zu verstehen, Ihre eigene Position zu klären und einen Überblick über die For-schungslage zu gewinnen. Eine ökonomische Lese- und Arbeits-technik hilft Ihnen, zielsicher die für Ihre Arbeit relevanten Studi-en zu finden, sie optimal auszuwerten und angemessen in Ihre eigene Arbeit zu integrieren.

Kapitel 5
Strukturen finden

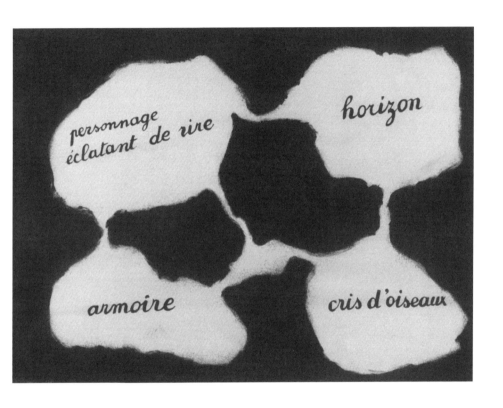

Strukturen finden

15. Ideen ordnen
- Kategorien bilden
- Mindmaps skizzieren

16. Das Waage-Modell
- Material und Methoden
- Hypothesen und Belege

17. Der Brennpunkt
- Perspektivenwechsel ausprobieren
- zentrale Frage formulieren

18. Gliederungsmodelle
- chronologische Gliederung
- systematische Gliederung
- deduktive und induktive Gliederung
- Ursache-Wirkung- Gliederung
- Relationsgliederung
- empirische / naturwissenschaftliche Gliederung

Im folgenden Kapitel versuchen wir, für eigene und fremde Ideen und Arbeitsergebnisse eine innere und äußere Ordnung zu finden. Das Ordnen der Ideen ist dabei nur der erste Schritt. Als nächstes entwickeln wir eine überzeugende Argumentation mit einem klar erkennbaren Brennpunkt. Die Argumente müssen miteinander verknüpft werden, so dass sich nach und nach ein »roter Faden« zeigt. Welches Gliederungsmodell Sie für Ihre Argumentation wählen, entscheidet sich anschließend von Fall zu Fall am jeweiligen Thema. Die unterschiedlichen Strukturierungsprozesse greifen, wie Sie sehen werden, ineinander: Änderungen in *einem* Strukturbereich verändern zugleich die anderen Komponenten. Wenn sich etwa der Brennpunkt der Arbeit verschiebt, kann sich daraus notwendigerweise eine neue Gliederung ergeben.

15. Ideen ordnen

Strukturen für eine Arbeit zu finden, ist eine der mühsamsten Aufgaben beim wissenschaftlichen Schreiben. Viele Schreibende wissen aber gar nicht, dass ihre Schwierigkeiten wachsen, weil sie das Material nicht ordnen und deshalb nicht in den Griff bekommen können. Um fremde und eigene Ideen überblicken und sinnvoll strukturieren zu können, braucht man drei Arbeitsschritte:

Ich muss notwendig schreiben um meinen gewiss reichhaltigen Wirrwarr selbst schätzen zu lernen.
Georg Christoph Lichtenberg, Physiker und Schriftsteller 1742-1799

♦ Kategorisieren
♦ Segmentieren
♦ Hierarchisieren

Kategorien bilden

Kategorisieren bedeutet, innerhalb meiner Ideen Ähnlichkeiten und Zusammenhänge zu entdecken und die gemeinsamen Merkmale unter einen Oberbegriff zu fassen. Am einfachsten und wirkungsvollsten erreicht man diese Basisordnung mit Hilfe der »Zettelwirtschaft«.

ÜBUNG

Schreiben Sie Ihre Einfälle und alle aus der Forschung entnommenen Ideen und Anregungen auf einzelne Zettel und versuchen Sie anschließend, diese Zettel zu Gruppen zu ordnen. In einem allerersten Durchgang kann dieses Sortieren durchaus spielerischen Charakter haben; ordnen Sie die Zettel spontan, einer zunächst intuitiven Ordnung folgend. In einem zweiten Schritt machen Sie sich bewusst, welche gemeinsamen Merkmale die so entstandenen Gruppen verbinden. Bei der Suche nach den gemeinsamen Merkmalen werden sich bereits erste Verschiebungen ergeben. Die Gruppen ordnen sich neu und zuvor »heimatlose« Ideen finden jetzt ihren Platz. Wenn die meisten Zettel einen Platz gefunden haben, suchen Sie Überschriften für Ihre Gruppen. Diese Überschriften sind die Oberbegriffe, die uns berechtigen, von »Gruppen«, das bedeutet: von Kategorien zu sprechen.

Er hat irgendwelche Gedanken irgendwann – nach dem Baden, vor dem Essen, am frühen Morgen –, schreibt sie auf Zettel. Sammelt diese Zettel irgendwo, schiebt sie auf dem Tisch hin und her und überlegt, was wichtig und was unwichtig ist. Bringt sie in eine Reihenfolge.
Sten Nadolny

Hier ein Beispiel zum Thema »Vor- und Nachteile virtueller Unternehmen«: drei Kategorien bieten sich an, die den Kapiteln der Arbeit entsprechen:

1. Merkmale
2. Entwicklung
3. Erfolgskriterien

Sobald wir Oberbegriffe gebildet haben, überprüfen wir ihre Gültigkeit durch einen zweiten Schritt: das **Segmentieren**. Wir fragen, welche trennenden Merkmale uns die Grenzen zwischen den Kategorien zeigen und eine Kategorie von der anderen deutlich unterscheiden. Diese Trennung muss nicht schematisch erfolgen, sondern geschieht wiederum als ein Bündel von Merkmalen, das auf die eine Kategorie zutrifft, auf die andere dagegen nicht.

verbindende und trennende Merkmale erkennen

Anleihen bei surrealistischen Künstlern wie René Magritte (Titelbild Kapitel 5) lassen uns spielerisch graphische Verfahren wie das Mindmap ausprobieren. Wir ordnen unsere Ideengruppen zunächst in einer Übersichtsskizze (Abb. 5.1). Sie kennen dieses Verfahren bereits aus dem Clustering: Im Zentrum einer Ideenskizze steht das Thema der Arbeit; von hier aus entfalten sich die Einfälle strahlenförmig in alle Richtungen. Im Unterschied zum Cluster ist das Mindmap jedoch systematisch ordnend angelegt, nicht assoziativ.

Mindmap skizzieren

Mindmaps lassen sich im Schreiben vielfältig einsetzen, am wirkungsvollsten sind sie jedoch in der ersten Strukturierungsphase einer Arbeit. Aufbauend auf unserer »Zettelwirtschaft« bringen wir zunächst die einzelnen Gruppen mit den dazugehörigen Ideen zu Papier. Damit halten wir nicht nur die Gruppierungen schriftlich fest, sondern machen die innere Ordnung unserer zukünftigen Arbeit sichtbar. Unser Mindmap zeigt uns nämlich nicht nur, welche Kategorien wir gebildet haben, sondern zugleich die quantitative Gewichtung der einzelnen Gruppen. Erweist sich eine Gruppe als unproportional umfangreich, so überprüfen wir, ob ihr tatsächlich das Hauptgewicht unserer Arbeit zukommt oder ob wir vielleicht mehrere Kategorien zu *einer* verschmolzen haben.

Mindmap auswerten

Manchmal erkennen wir auch erst durch das Mindmap, dass das eigene Interesse eigentlich einem anderen Schwer-

Kapitel 5: Strukturen finden

Abbildung 5.1: Mindmap zum Thema »Virtuelle Unternehmen«

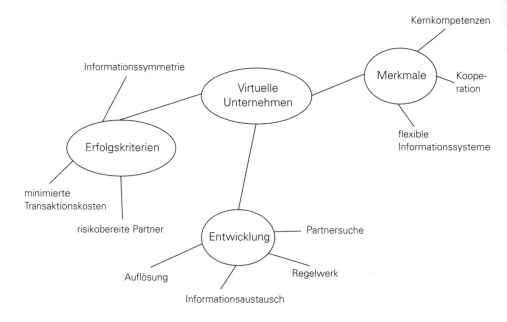

| Schwerpunkt der Arbeit überprüfen | punkt gilt. Nach der Phase der Ideensammlung kann sich das Zentrum der Arbeit nämlich durchaus noch verschieben. In diesem Fall gehe ich noch einmal zu meinem Themenfächer zurück und überprüfe die zuvor getroffene Selektion. Vielleicht hat sich die Fragestellung während der Forschungslektüre und der Aufnahme neuer Ideen verändert. Anhand des Themenfächers überprüfe ich, welche Konsequenzen eine Verschiebung meines Forschungsschwerpunktes mit sich bringen würde. |
| Lücken erkennen | Neben der Gewichtung der unterschiedlichen Kategorien zeigt das Mindmap aber auch Lücken und Grauzonen meiner geplanten Arbeit. Fragen, die nicht gestellt wurden, tauchen plötzlich auf. So wirft in unserem Beispiel zum Thema »Lesen« die Analyse der Rollenangebote sofort die Frage nach geschlechtsspezifischem Lesen auf. Signifikante Unterschiede könnten hier neue Hypothesen provozieren. |

15. Ideen ordnen **103**

Anhand des Mindmaps kann ich anschließend die Reihenfolge meiner Kapitel überdenken, denn die einzelnen Kategorien werden die Grundlage für die Kapitel der Arbeit bilden. Dieser Arbeitsschritt, das **Hierarchisieren**, dient zunächst nur dazu festzustellen, wie wichtig die einzelnen Gruppen innerhalb der Arbeit sind und in welchem Zusammenhang sie stehen. Diese vorläufige Gliederung muss genügend Spielraum für künftige Entwicklungen lassen, denn häufig zeigt sich erst beim Schreiben, dass die Abschnitte und Kapitel anders als geplant ineinandergreifen.

Kategorien in eine hierarchische Ordnung bringen

Bei der Arbeit am Mindmap scheiden viele Ideen aus, weil sie sich zu weit vom Thema entfernen. Andere führen zum Thema hin, so dass wir sie für unsere Einleitung gebrauchen können, oder sie weisen über das Thema hinaus, so dass sie als Ausblick für unseren Schlussteil dienen können. In jedem Fall sollten wir in dieser Phase der Arbeit üben, spielerisch mit unserem Material umzugehen, es in unterschiedlichen Gruppen zusammenfassen, verschiedenen Gesichtspunkten zuordnen, so dass sich im Prozess der Auseinandersetzung mit unseren Ideen ein Schwerpunkt der Arbeit herausbildet. In diesem allmählichen *Prozess* zeigt sich nach und nach auch bereits eine Struktur der Arbeit. Wenn wir dagegen zu früh im Detail die Gliederung der Arbeit konzipieren, verstellen wir uns möglicherweise Einsichten in die innere Struktur des Themas.

Nehmen Sie sich einen Abschnitt Ihres Lieblingsschriftstellers vor und überlegen Sie, welche verschiedenen Phasen dieser Text durchlaufen haben muss, bevor er veröffentlicht wurde. Tun Sie so, als seien Sie dieser Autor und »planen« Sie den Text von Anfang bis Ende durch.
Donald M. Murray

mit dem »Material« spielen

Am besten schreibt man das Mindmap mehrmals um und probiert verschiedene Gruppierungen aus. Dabei fallen nicht nur Ideen weg, sondern es kommen durch die Konzentration auf bestimmte Schwerpunkte auch Einfälle hinzu. In jedem Fall bietet das Mindmap eine effiziente Technik, um sich komplexe Zusammenhänge übersichtlich zu veranschaulichen. Am besten hängen Sie ein möglichst großes Blatt Papier (Querformat!) an einem gut sichtbaren Platz in ihrem Arbeitszimmer auf. Im Laufe Ihrer Arbeit kann dann Ihr ursprüngliches Mindmap mitwachsen: Sie können es ergänzen, verändern, können Hinweise auf Forschungsliteratur hineinschreiben und offene Fragen hinzufügen.

Mindmap mehrfach umschreiben

16. Das Waage-Modell

Was bedeutet eigentlich »wissenschaftlich argumentieren«? Was wird in einer wissenschaftlichen Arbeit von mir erwartet? Muss ich jede Behauptung belegen? Gibt es auch Aussagen, die ich nicht belegen muss? Was ist eigentlich meine »Methode«? Wann ist meine Argumentation überzeugend?

Diese Fragen stellen sich jedem Schreiber früher oder später im Schreibprozess. Nicht wenige Schreiber kommen gar nicht erst zum Schreiben, weil sie sich nicht zutrauen, auch nur eine dieser Fragen für ihre eigene Arbeit sicher zu beantworten.

Bausteine der Argumentation

Um wissenschaftlich argumentieren zu können, müssen Sie aber wissen, aus welchen Bausteinen die Argumentation einer Arbeit besteht und wie diese Bausteine miteinander verbunden werden. Hilfestellung bietet Ihnen hier das Modell der Waage. Es skizziert das Gerüst, auf dem eine wissenschaftliche Arbeit aufbaut (Abb. 5.2).

Waage-Modell

Die Waage besteht aus zwei Waagschalen, einem Balken, der die Waagschalen trägt, und einem Sockel, auf dem die gesamte Konstruktion ruht. Die einzelnen Teile stellen die notwendigen Bausteine dar, aus denen die Argumentation einer wissenschaftlichen Arbeit besteht.

Betrachten wir zunächst das Verhältnis der Waagschalen zueinander. Jede Argumentation benötigt Hypothesen, die durch Belege bewiesen werden müssen. Solange die Behauptungen noch nicht belegt sind, sprechen wir von Hypothesen. Sobald diese Hypothesen bewiesen sind, haben wir Thesen vor uns. Die Aufgabe jedes Schreibenden ist es nun, herauszufinden, welche Behauptungen er in seiner Arbeit aufstellen will und wie sich diese Behauptungen beweisen lassen.

16. Das Waage-Modell

Abbildung 5.2: Die Waage

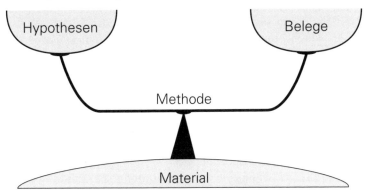

Was ist mein Material?

Das Fundament, auf dem die Waage aufruht, ist der Sockel mit der Inschrift »Material«. So wie eine Waage nur standfest ist, wenn ein solider Sockel sie trägt, so gibt es bei jeder wissenschaftlichen Arbeit eine Materialbasis, auf der die Argumentation aufbaut. Diese Basis kann in einer literaturwissenschaftlichen Arbeit ein bestimmtes Textkorpus sein, in einer empirischen Arbeit können es bestimmte Daten sein, in einer historischen Arbeit Quellen oder Forschungstexte, in einer literaturbasierten Arbeit die einschlägige Forschungliteratur. In jedem Fall benennt die Materialbasis zugleich Grundlage und Gültigkeitsbereich der vertretenen Hypothesen. Unsere Hypothesen erheben nämlich zunächst nur den Anspruch, im Rahmen des von uns analysierten Materials zu gelten. Allerdings ist jeweils auch zu prüfen, inwieweit exemplarisch gewonnene Einsichten über unsere Materialbasis hinaus Gültigkeit beanspruchen können.

Materialbasis

So könnten die Ergebnisse einer soziologischen Arbeit zum Thema »Armut in deutschen Großstädten« auch auf andere westeuropäische Großstädte übertragen werden. Ebenso könnte eine Untersuchung der Armut in München und Hamburg auch für andere deutsche Städte vergleichbarer Größe brauchbare Erkenntnisse liefern.

Was ist meine Methode?

Methode

Der Balken, der die Waagschalen trägt, zeigt die Aufschrift »Methode«. Macht man sich klar, dass der Balken einer Waage die Waagschalen miteinander verbindet und so dafür sorgt, dass die Waage funktioniert, wird die Aufgabe der Methode deutlich. Die Methode einer wissenschaftlichen Arbeit sorgt dafür, dass die angeführten Belege die aufgestellten Hypothesen tatsächlich verifizieren. Wenn ich also die Methode meiner Arbeit darstelle, erkläre ich dem Leser, mit welchem wissenschaftlichen Instrumentarium ich das zugrundeliegende Material bearbeite. Nicht mehr und nicht weniger versteht man unter der Methode einer wissenschaftlichen Arbeit. In der Regel ist die Einleitung der geeignete Ort, um diese Methode darzustellen.

Eine Arbeit über »Die Liberalisierung des Strommarktes in Europa« z.B. vergleicht die verschiedenen Liberalisierungsmodelle und ihre Anwendung. Eine Studie zum Thema »Die Bewältigung des Burn-out-Syndroms bei Lehrern« analysiert die Effektivität unterschiedlicher Strategien. Eine Untersuchung der »Ultraschalltransmissionsgeschwindigkeit zur Beurteilung des Skelettsystems unter sportlicher Belastung« testet an verschiedenen Probandengruppen ein spezielles Verfahren zur Knochendichtemessung.

Was sind meine Hypothesen?

Position beziehen

Hypothesen bilden wir, oft unbemerkt, in jeder Phase unserer wissenschaftlichen Arbeit. Bereits bei der genauen Formulierung des Themas stellt sich meistens schon eine erste Idee ein, in welcher Richtung die Antwort auf die zentrale Frage liegen könnte. Ohne eine solche Idee wären wir gar nicht in der Lage, auf Forschungsbeiträge zu unserem Thema mit Zustimmung oder Skepsis zu reagieren. Schon sehr früh im Prozess wissenschaftlicher Analyse beziehen wir eine Position, die uns im Laufe der Beschäftigung mit dem Thema immer klarer wird und die durch Forschungslektüre bestätigt oder widerlegt wird.

Lernen ist Bewegung von Moment zu Moment. Jiddu Krishnamurti, indischer Philosoph 1897-1986

Hypothesen sind also zunächst nichts anderes als mögliche Antworten. In kurzen Hausarbeiten mit einer engen

Themenstellung gibt es oft nur *eine* Frage mit *einer* Antwort. In diesem Fall stellen wir nur *eine* Hypothese auf.

Betrachten wir ein kürzere Arbeit über »Die Liberalisierung des Strommarktes in Europa«. Wir stellen hier nur eine Hypothese auf: Bei den bisherigen Liberalisierungsmodellen überwiegen die Vorteile die Nachteile. Der konkrete Nachweis von Vor- und Nachteilen belegt sodann diese Hypothese. (Abb. 5.3).

In längeren wissenschaftlichen Arbeiten entwickeln wir verschiedene Unterfragen, die uns zur Lösung der zentralen Frage führen. Die Antworten auf diese Unterfragen sind unsere Hypothesen.

Wenn wir etwa das Thema »Die Bewältigung des Burn-out-Syndroms bei Lehrern« bearbeiten (Abb. 5.4), können wir unter anderem folgende drei Hypothesen aufstellen: Burn-out lässt sich bewältigen durch:

⇒ Baustein 9+10

1. neue Unterrichtsformen
2. verbesserte Kommunikation
3. Supervision.

Diese Hypothesen belegen wir durch drei Ergebnisse:

1. Gruppenprojekte entlasten den Lehrer
2. kollegialer Austausch entspannt das Arbeitsklima
3. flexibles Rollenverständnis ermöglicht größeren Spielraum.

Wir sind uns dabei im Klaren, dass unsere Behauptungen an diesem Punkt der Arbeit noch als Hypothesen gelten müssen, deren Gültigkeit unsere Argumentation erst erweisen soll. Wir notieren mögliche Hypothesen, um sie anschließend am Textmaterial zu überprüfen und sie mit den in der Forschungsliteratur vertretenen Lehrmeinungen zu konfrontieren.

Hypothesen verifizieren

Hypothesen einer studentischen wissenschaftlichen Arbeit *müssen* jedoch keine bahnbrechenden Erkenntnisse sein, sie müssen das vorhandene Material nicht unter einer völlig neuen Perspektive betrachten. Es genügt, Antworten auf die im Thema enthaltene Frage zu finden, auch wenn diese Antworten von der Forschung bereits an ähnlichem Material oder mit Hilfe ähnlicher Fragestellungen entwickelt wurden. Die Eigenleistung liegt in jedem Fall im Aufarbeiten der vorhandenen

Forschung und der Darstellung des Themas im Forschungskontext. Studienarbeiten sollen begründet innerhalb der Scientific Community Position beziehen und dabei auf vorhandenes Wissen Bezug nehmen. Erst im Rahmen einer Dissertation sind selbstständige wissenschaftliche Erkenntnisse gefordert.

Hypothesen sind Antworten auf Fragen

Hypothesen sind also Antworten auf die Fragen, die implizit mit dem gewählten Thema aufgeworfen werden. Um als wissenschaftliche Hypothesen zu taugen, müssen sie sich als Ergebnisse ausweisen, die durch ein wissenschaftliches Untersuchungsverfahren gewonnen wurden. Das bedeutet aber, dass Behauptungen, die *offensichtliche* Sachverhalte benennen, nicht als Hypothesen geeignet sind. Bloße Inhaltsangaben literarischer Texte etwa oder die Auflistung von Fakten einer historischen Quelle können nicht als Hypothesen gelten.

Wie bilde ich Hypothesen?

In einer wissenschaftlichen Arbeit gibt es zahlreiche unterschiedliche Wege, Hypothesen zu bilden:

♦ Interpretation
♦ Analyse
♦ Vergleich
♦ Beschreibung
♦ empirische Erhebung und Auswertung
♦ Forschungsbericht.

Taugen nur neue Erkenntnisse als Hypothesen?

Jedes dieser Verfahren führt zu Schlussfolgerungen, die bewiesen werden müssen. Das bedeutet, dass nicht allein innovative Erkenntnisse als Hypothesen taugen, sondern jedes Ergebnis, von dessen Gültigkeit der Leser überzeugt werden muss. Jede Behauptung, die sich in einem fiktiven Streitgespräch, in Pro und Kontra, sichern lässt, stellt eine brauchbare Hypothese für eine wissenschaftliche Arbeit dar.

Hypothesen können also die Ergebnisse von Interpretationsprozessen sein, Schlussfolgerungen aus empirischen Untersuchungen formulieren oder ausgewertetes Material präsentieren.

In empirischen Arbeiten kann man grundsätzlich entweder *induktiv* oder *deduktiv* vorgehen. Eine induktive Arbeit setzt bei der Analyse des Materials an und gewinnt hieraus ihre Hypothesen. Eine deduktive Arbeit geht dagegen von Hypothesen aus und verifiziert oder falsifiziert sie am Material.

Auch Arbeiten, die vorwiegend beschreiben, vertreten Hypothesen, indem sie ihr Material nach bestimmten Gesichtspunkten auswerten, Kategorien bilden und Schwerpunkte setzen.

Um Hypothesen zu bilden, müssen wir also in jedem Fall die leitende Frage der Arbeit kennen. Erst wenn klar ist, welche Frage im Zentrum der Arbeit steht, können wir Unterfragen bilden und Antworten auf diese Unterfragen suchen.

Was ist die zentrale Frage der Arbeit?

Statt die Waagschale »Hypothesen« mit bloßen Stichworten zu füllen, kann man auch einen kurzen Text schreiben. Der Zusammenhang der Hypothesen untereinander lässt sich so besser klären. Oftmals werden Zusammenhänge nämlich erst beim Schreiben deutlich, nehmen Hypothesen schärfere Konturen an.

Wir schreiben nicht, um verstanden zu werden, wir schreiben, um zu verstehen.
Cecil Day Lewis, brit. Schriftsteller 1904-1972

Was sind meine Belege?

Die Waagschale »Belege« wird mit dem Material gefüllt, das die Hypothesen stützt. Im Falle einer Textinterpretation können es interpretierte Textbeispiele sein, im Falle einer historischen Arbeit analysiertes Quellenmaterial, im Falle einer soziologischen Feldstudie ausgewertete empirische Daten. Zum »Beleg« wird das Material, das einer Untersuchung zugrunde liegt, also erst durch die **Bearbeitung** des Interpreten.

Belege gewinnen

Belege finde ich, indem ich mich frage, welche Aussage meines Materials meine Behauptung stützt. Das bedeutet aber, dass ich zunächst einmal mein Material zum »Sprechen« bringen muss. Erst die Erschließung des Materials liefert mir die nötigen Belege. Belege sichern einerseits die Glaubwürdigkeit der Hypothesen, andererseits stellen sie in sich wiederum eigene »Sub-Hypothesen« auf (Abb. 5.5).

Material zum Sprechen bringen

Abbildung 5.3: Die Waage
Thema: Die Liberalisierung des Strommarktes in Europa

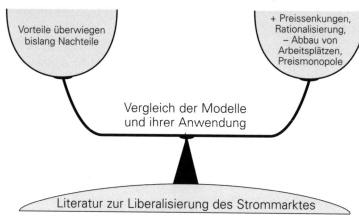

Abbildung 5.4: Die Waage
Thema: Die Bewältigung des Burn-out-Syndroms bei Lehrern

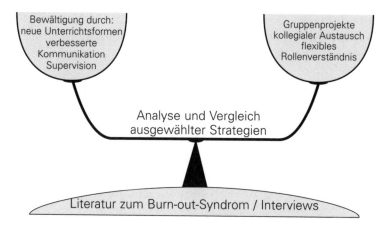

16. Das Waage-Modell

Abbildung 5.5: Die Waage

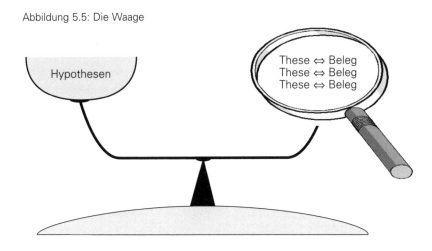

Hinter jedem Beleg liegt eine Ebene, auf der die Belege ihrerseits zunächst nur Behauptungen sind, die belegt werden müssen. In der Regel lassen sich Behauptungen stützen, indem man das gegebene Material auswertet. Die Belege zum Thema »Liberalisierung des Strommarktes« können durch konkrete Ergebnisse der Marktanalysen gestützt werden (Abb. 5.3). Die Belege zum Thema »Die Bewältigung des Burn-out-Syndroms bei Lehrern« lassen sich durch Forschungsergebnisse und/oder empirische Erhebungen stützen (Abb. 5.4)

der Beleg »hinter« dem Beleg

Theoretisch ließe sich jeder so gewonnene Beleg wiederum hinterfragen. In der Praxis wissenschaftlicher Argumentation genügt jedoch der Rekurs auf den zugrundegelegten Text, das gewählte Quellenmaterial oder die empirischen Daten. Wenn wir also unsere Waagschale »Belege« mit eigenem Material füllen, so müssen wir prüfen, ob die Befunde ihrerseits durch das vorliegende Untersuchungsmaterial gestützt werden müssen und können. Mit dem konkreten Bezug auf das interpretierte Material jedoch ist der Beweis einer Hypothese dann hinreichend geführt.

Bei dem Versuch, beide Waagschalen vorläufig zu füllen, verschiebt sich möglicherweise die Gewichtung der Arbeit.

112 Kapitel 5: Strukturen finden

Waage als Kontroll-instrument

Erste Grobgliede-rung der Arbeit

Wie beim Mindmap kann sich nämlich der Fokus der Arbeit bei der Zuordnung von Hypothesen und Belegen verlagern. Wenn ich etwa die »Arbeitslosigkeit in Deutschland« untersuche, so können viele Belege für die Wirksamkeit unterschiedlicher Lösungsansätze erbracht werden. Vielleicht stellen sich die Arbeitsbeschaffungsmaßnahmen (ABM) als besonders umstritten heraus. Ich könnte nunmehr den Schwerpunkt meiner Arbeit auf die Wirksamkeit von Arbeitsbeschaffungsmaßnahmen legen. So kann ich das Thema selbst in der Arbeitsphase, in der ich bereits Hypothesen bilde und belege, noch einmal präzisieren.

Wenn wir auch die Waagschale »Belege« nicht bloß mit Stichworten füllen, sondern einen kurzen Text skizzieren, ergibt sich beim Schreiben bereits eine erste grobe Gliederung. Die Abfolge der Hypothesen und Belege kann als Orientierung bei der Suche nach einer geeigneten Gliederung nützlich sein. Zugleich erkunden wir schreibend, ob die angeführten Belege dazu taugen, die aufgestellten Hypothesen zu stützen.

Sind die Waag-schalen im Gleich-gewicht?

Wenn wir beide Waagschalen gefüllt haben, überprüfen wir, ob sie im Gleichgewicht sind. Es kommt nämlich häufig vor, dass unbemerkt eine der beiden Schalen zu schwer wird und so das Gleichgewicht der Argumentation gestört ist. Entweder hat die Schreiberin zahlreiche Hypothesen aufgestellt, ohne sie jedoch genügend zu begründen, oder es wird viel interpretiertes Material ausgebreitet, ohne jedoch aus diesen Materialbefunden Konsequenzen zu ziehen, das bedeutet: Hypothesen abzuleiten. Um die Waagschalen ins Gleichgewicht zu setzen, stellen wir deshalb folgende Fragen:

♦ Verfüge ich über hinreichend interpretiertes Material, um meine Hypothesen zu stützen? Hinreichend ist das Material, sobald ein Leser unseren Begründungen folgen kann, ohne über unser eigenes, oft komplexeres Detailwissen zu verfügen. Das bedeutet: Unsere Argumentation muss grundsätzlich intersubjektiv nachvollziehbar sein.

♦ Habe ich aus dem interpretierten Material genügend Schlüsse gezogen und sie zu Hypothesen verdichtet?

Hier wird eine erste Auswertung des erarbeiteten Materials vorgenommen, die noch keine detaillierte Beweisführung einschließt. Es geht in dieser Phase der Arbeit lediglich darum, *beide* Seiten (Hypothesen und Belege) in etwa gleich zu gewichten.

> **ÜBUNG**
> Versuchen Sie, ein Exposé Ihres eigenen wissenschaftlichen Projekts zu schreiben und nehmen Sie dazu das Modell der Waage zu Hilfe. Gehen Sie im Modell »von unten nach oben« vor. Nachdem Sie die zentrale Frage umrissen haben, stellen Sie zunächst das Material vor, das Ihrer Untersuchung zugrunde liegt und begründen Sie Ihre Auswahl (»Material«). Sodann erläutern Sie, wie Sie mit Ihrem Material verfahren wollen, um Antworten auf die gestellte Frage zu bekommen (»Methode«). Anschließend formulieren Sie erste Erkenntnisse (»Hypothesen«) und deuten an, durch welche Beobachtungen am Material Sie diese Hypothesen stützen können (»Belege«). Auf diese Weise entsteht durch die Beschreibung der ausgefüllten Modellskizze bereits ein erster Arbeitsentwurf.

17. Der Brennpunkt

Nachdem wir unsere Ideen vorläufig geordnet und das Grundgerüst unserer Argumentation aufgebaut haben, konzentrieren wir uns auf den Brennpunkt der Arbeit, ihr gedankliches Zentrum. Ihm nähern wir uns, wenn wir fragen: Welches Problem will ich lösen? Welche Lösung sehe ich?

⇒ Baustein 15

⇒ Baustein 16

Um den Brennpunkt der Arbeit zu finden, experimentieren manche Schreiber ausgiebig mit verschiedenen Gliederungen, Vorentwürfen und graphischen Skizzen und gelangen am Ende dieser Entwurfphase zu ihrem Brennpunkt. Andere erschreiben sich ihre Entwürfe durch zahlreiche kurze Texte, Fragen und Gedankensplitter und nähern sich auf diese Weise schreibend ihrem Fokus. Erfahrungsgemäß öffnet sich jedoch, unabhängig von der eigenen Arbeitsweise, erst nach intensiver Auseinandersetzung mit dem Thema der klare Blick auf das Zentrum der eigenen Arbeit.

verschiedene Wege, den Fokus zu finden

Der Wendepunkt innerhalb des gesamten Wachstumszyklus ist das Auftauchen eines Brennpunkts ... Es ist der Augenblick, da wir in dem, was bisher nur Chaos zu sein schien, ein Gravitationszentrum erkennen. Von einem Augenblick zum anderen ist urplötzlich eine Form da.
Peter Elbow, amerik. Schreibforscher

> ## ÜBUNG
> Eine Übung, die Schreibende spielerisch dem Fokus ihrer Arbeit näher bringt, ist der Perspektivenwechsel. Stellen Sie sich vor, Ihre Arbeit sei bereits veröffentlicht und von einem Publikum zur Kenntnis genommen. Indem Sie vorübergehend die Rolle eines künftigen Lesers einnehmen, gewinnen Sie Distanz zu Ihrem Vorhaben. Aus Lesersicht schreiben Sie nun, z.B. für eine Zeitschrift, eine kurze **Rezension** Ihrer eigenen Arbeit. Drei Leitfragen sind dabei maßgebend:
> – Was ist der **Gegenstand** der Arbeit?
> – Unter welcher **Fragestellung** untersucht der Autor diesen Gegenstand?
> – Zu welchen **Ergebnissen** kommt der Autor?
>
> Der Gegenstand einer Arbeit ist das Material: Primärtexte, Quellen oder Dokumente und empirische Daten. Die Fragestellung dagegen benennt die spezielle Perspektive, unter der dieses Material betrachtet wird.

Distanz zur eigenen Arbeit

Diese Übung lässt sich am wirkungsvollsten in Gruppen durchführen. Wenn man schon beim Schreiben darauf vorbereitet ist, die Rezensionen anschließend vorzulesen, bemüht man sich von vornherein um das Maß an Außensicht und Klarheit, das der Leser einer Rezension erwarten kann.

Das eigene Konzept mitteilbar machen

Zunächst jedoch geht es darum, die Rezension einer Arbeit zu schreiben, die erst im Entstehen begriffen ist. Das zwingt uns dazu, unsere Gedanken zu bündeln, Wichtiges von Unwichtigem zu trennen und unser Konzept mitteilbar zu machen. So tritt in der Konzentration auf die grundlegenden Aussagen der Arbeit ihr **Brennpunkt** deutlich konturiert hervor. Nebenbei entwickelt sich, ohne dass diese Aufgabe ausdrücklich mit gestellt wird, der **rote Faden** der Argumentation, der sich später weiterspinnen lässt. Viele Studierende, die sich mit der Entwicklung einer stringenten Argumentationskette schwer tun, stellen bei dieser Übung erleichtert fest, dass sich in ihrer Rezension der rote Faden bereits zeigt. In ihrem Bemühen, als fiktiver Leser für andere Leser verständlich die Gedankengänge des Autors nachzuzeichnen, kommen sie der Logik ihres eigenen Textes auf die Spur.

Entwicklung des roten Fadens

Auch **Schwachstellen** der Konzeption werden durch die Außensicht eher sichtbar. Die **Kritikfähigkeit** der eigenen Arbeit gegenüber entwickelt sich zu einem Zeitpunkt im Schreibprozess, an dem Neuplanung noch ohne weiteres möglich ist und Überarbeitung auf Schritt und Tritt stattfindet.

ÜBUNG

An die Rezension schließt sich nun die Aufgabe an, in *einer* Frage den Brennpunkt der Arbeit noch einmal zu benennen. Diese Konzentration macht Ihnen sofort deutlich, ob Ihre Arbeit einen klaren Fokus hat. Wenn nämlich die formulierte Frage nur ungenaue Umschreibungen oder weit gefasste Gemeinplätze enthält, erkennen Sie schnell, dass Sie noch weit vom Zentrum der Arbeit entfernt sind. Andererseits verlangt die Konzentration auf *eine* Frage eine präzise Formulierung des Problems.

---

18. Gliederungsmodelle

Nachdem wir unsere Ideen geordnet und unsere Argumentation skizziert haben, entwerfen wir eine geeignete Gliederung. Grundsätzlich gibt es für eine wissenschaftliche Arbeit immer mehrere Möglichkeiten, ein und denselben Inhalt in unterschiedliche Formen zu gießen. Im Folgenden sehen wir uns einige Gliederungsmodelle an, die in wissenschaftlichen Arbeiten gebräuchlich sind. Alle vorgestellten Gliederungsmodelle sind Vorschläge zur Gestaltung des **Hauptteils** der Arbeit; für die Einleitung und die Schlussbetrachtung gelten andere Orientierungshilfen.

Gliederungsvorschläge für den Hauptteil der Arbeit

⇒ Baustein 20

Welche Gliederung Sie auch wählen, versuchen Sie, schon in der Planungsphase den ungefähren Umfang Ihrer Kapitel/Großabschnitte abzuschätzen. Weisen Sie jedem Kapitel eine Anzahl Seiten zu und überprüfen Sie, ob die wichtigsten Argumentationsschritte auch die umfangreichsten sind. So können Sie einerseits leicht überschauen, ob Ihre Arbeit

⇒ Baustein 21

richtig »gewichtet« ist, und gewinnen andererseits ein äußeres Gerüst, das Ihr Schreiben strukturiert und begrenzt.

Die formale Bezeichnung der Kapitel und Unterpunkte ist Ihnen frei gestellt.

In der alpha-nummerischen Bezeichnung versehen Sie die Kapitel mit Buchstaben (A, B, C), die Unterpunkte mit arabischen Ziffern.

Abbildung 5.6: Alpha-nummerische Bezeichnung

A. Einleitung

B. Hauptteil

I. Kapitel
    1.Unterpunkt
      1.1
      1.2
    2. Unterpunkt
      2.1
      2.2

II. Kapitel
    1.Unterpunkt
      1.1
      1.2
    2. Unterpunkt
      2.1
      2.2

III. Kapitel
    1.Unterpunkt
      1.1
      1.2
    2. Unterpunkt
      2.1
      2.2

C. Fazit

In der nummerischen Bezeichnung können Sie die Kapitel mit römischen Ziffern versehen und die Unterpunkte mit arabischen.

Abbildung 5.7: Nummerische Bezeichnung

I. Einleitung

II. Hauptteil

1. Kapitel
    1.1 Unterpunkt
        1.1.1
        1.1.2
    1.2. Unterpunkt
        1.2.1
        1.2.2

2. Kapitel
    2.1 Unterpunkt
        2.1.1
        2.1.2
    2.2. Unterpunkt
        2.2.1
        2.2.2

3. Kapitel
    3.1 Unterpunkt
        3.1.1
        3.1.2
    3.2. Unterpunkt
        3.2.1
        3.2.2

III. Fazit

Sie können sich aber auch für eine einheitlich arabische Bezifferung entscheiden. In diesem Fall wird der Hauptteil nicht als eigener Teil gekennzeichnet.

Abbildung 5.8: Nummerische Bezeichnung

1. Einleitung

2. Erstes Kapitel des Hauptteils
    2.1 Unterpunkt
        2.1.1
        2.1.2
    2.2. Unterpunkt
        2.2.1
        2.2.2

3. Zweites Kapitel des Hauptteils
    3.1 Unterpunkt
        3.1.1
        3.1.2
    3.2. Unterpunkt
        3.2.1
        3.2.2

4. Drittes Kapitel des Hauptteils
    4.1 Unterpunkt
        4.1.1
        4.1.2
    4.2. Unterpunkt
        4.2.1
        4.2.2

5. Fazit

Verschiedene akademische Fächer haben unterschiedliche Vorschriften: Erkundigen Sie sich, ob Ihr Institut ein Style Sheet herausgibt oder eine Vorlage ins Netz gestellt hat.

18.1 Die chronologische Gliederung

Ergebnisse in zeitlicher Reihenfolge zu präsentieren, bedeutet, eine Abfolge verschiedener Phasen oder eine fortlaufende Entwicklung zu postulieren. Nur wenn sich das Material erst durch eine chronologische Anordnung erschließt, ist es sinnvoll, für die gesamte Arbeit auch eine chronologische Gliederung zu wählen. Historische Themen, die interpretierend eine Ereignisfolge nachzeichnen oder Gründe und Ursachen einer Entwicklung benennen, gliedern wir deshalb chronologisch. Themen wie »Die britische Nordirlandpolitik 1968-74« oder »Die spanische Herrschaft in Portugal 1580-1640 in der spanischen und portugiesischen Historiographie des 19. und 20.Jahrhunderts« bieten sich für eine zeitliche Gliederung an, weil sich deutlich einzelne Phasen abheben und sich im historischen Prozess insgesamt eine Entwicklung zeigt. Ebenso gliedern wir das ethnologische Thema »Die Transformation einer Nomadengesellschaft am Beispiel der Tuareg 1915-1995« chronologisch, weil sich deutlich Phasen der Transformation abzeichnen.

Themen mit zeitlicher Entwicklung chronologisch gliedern

18.2 Die systematische Gliederung

In der systematischen Gliederung werden die Antworten auf die Unterfragen unseres Themas wie Perlen auf einer Kette gleichberechtigt nebeneinander aufgereiht. Diese Gliederung setzt voraus, dass die gebildeten Kategorien ungefähr gleich wichtig sind und in der Darstellung auch in etwa gleich gewichtet werden. Entsprechend befassen sich die einzelnen Kapitel der Arbeit mit je einer Kategorie, die es zu etablieren, zu beschreiben und zu interpretieren gilt. Da diese Gliederungsart sehr häufig gewählt wird, mögen hier wenige Beispiele genügen:

bei gleicher Gewichtung der Unterpunkte: systematisch gliedern

Das Thema »Die Namen Amerikas. Ursprung, Gebrauch und Entwicklung ihrer Definitionen« könnte zunächst eine chronologische Gliederung nahe legen, da sich die Namen Amerikas im historischen Prozess politisch motiviert verändert haben. Jedoch hat jeder Name Amerikas wiederum seine eigene Geschichte – Geschichten, die sich zeitlich überschneiden und sich deshalb nur ungenau chronologisch entfalten lassen. Die systematische Gliederung ermöglicht dagegen das Nebeneinander der Namen und ihrer jeweiligen Geschichten. Entsprechend umfasst der Hauptteil der Arbeit 6 Kapitel oder Großabschnitte:

 I. Amerika
 II. Lateinamerika
 III. Hispanoamerika
 IV. Iberoamerika
 V. Indoamerika
 VI. Afroamerika

Ebenso lässt sich das Thema »Soziale Indikatoren für das Wachstum der Volkswirtschaft« systematisch gliedern, weil alle fünf Gesichtspunkte in etwa gleich wichtig sind:

 I. Zielorientierte Indikatoren
 II. Leistungsindikatoren
 III. Output- vs. Inputindikatoren
 IV. Verteilungsindikatoren
 V. Objektive/subjektive Indikatoren

Wenn dagegen jede Kategorie zwar für sich eine notwendige Antwort auf die zentrale Frage der Arbeit bietet, diese Antworten jedoch unterschiedlich wichtig sind, ordnen wir die Ergebnisse hierarchisch. Die Kapitel werden dann nach ihrer Wichtigkeit entweder in aufsteigender oder in absteigender Folge geordnet.

hierarchische Ordnung

Mitunter zeigt sich unter den einzelnen Gesichtspunkten ein innerer Ordnungszusammenhang, der eine Abfolge der Aspekte nahe legt.. So lässt sich das Thema »Formen der Unternehmenskonzentration« nach dem Grad der Verbindung verschiedener Unternehmen gliedern:

 I. Interessengemeinschaft
 II. Kartell
 III. Syndikat
 IV. Konzern
 V. Fusion/Trust

18. Gliederungsmodelle **121**

18.3 Die deduktive und die induktive Gliederung

In der deduktiven und der induktiven Gliederung bestimmen Hypothesen und ihre Belege die Struktur. Die deduktive Gliederung geht von Hypothesen aus und beweist sie durch Belege (Abb. 5.9).

deduktive
Gliederung

Abbildung 5.9: Deduktive Gliederung

Einleitung

Hypothese 1
     ☐ Argument 1
     ☐ Argument 2
     ☐ Argument 3

Hypothese 2
     ☐ Argument 1
     ☐ Argument 2
     ☐ Argument 3

Folgerungen aus Hypothese 1 und 2
Schluss

Nehmen wir als Beispiel das Thema »Chancen und Risiken des Euro«. Unsere Hypothesen lauten:

Hypothese 1: Chancen des Euro sind: Export, Arbeitsplatzsicherung, Wettbewerbsdynamik.

Hypothese 2: Risiken sind: Wettbewerbseinschränkung, Verlust monitärer Souveränität, Umstellungskosten, steigende Inflation.

Wir bauen die Arbeit anhand der Hypothesen und Belege auf. Das erste Kapitel des Hauptteils erläutert die erste Hypothese und belegt sie in drei Unterpunkten.

1. Chancen
   1.1 Export
      1.1.1 offene Märkte
      1.1.2 berechenbare Währungsrelationen
   1.2 Arbeitsplatzsicherung
      1.2.1 keine Währungsschwankung
      1.2.2 Innovationsschub
   1.3 Wettbewerbsdynamik
      1.3.1 Stärkung gegenüber außereuropäischer Konkurrenz
      1.3.2 Erfahrungsvorsprung

Das zweite Kapitel erklärt die zweite Hypothese und stützt sie durch die genannten vier Unterpunkte. In Kapitel 3 führen wir die beiden Hypothesen zusammen und leiten daraus Folgerungen für die Zukunft des Euro ab. In einer längeren Arbeit kommt dieser Folgerung ein eigenes Kapitel zu. Ist eine Arbeit dagegen nicht sehr umfangreich, schließt sich die Folgerung unmittelbar an die Darstellung der letzten Hypothese an.

induktive Gliederung

In der induktiven Gliederung verfahren wir genau umgekehrt. Wir analysieren und interpretieren vorgefundenes oder erhobenes Material und leiten daraus unsere Thesen ab (Abb. 5.10). Wir könnten also das Thema »Chancen und Risiken des Euro« auch induktiv gliedern: zunächst beschreiben wir die Auswirkungen auf Export, Arbeitsplätze und Wettbewerb und leiten daraus die Chancen für die wirtschaftliche Entwicklung ab (Kapitel 1). Danach erörtern wir Wettbewerbseinschränkung, Verlust monitärer Souveränität, Umstellungskosten und steigende Inflation und schließen daraus auf mögliche Risiken für die wirtschaftliche Entwicklung (Kapitel 2). In Kapitel 3 führen wir die beiden Thesen zusammen und diskutieren mögliche Konsequenzen.

18. Gliederungsmodelle **123**

Abbildung 5.10: Induktive Gliederung

Einleitung
☐ Argument 1 ☐ Argument 2 ☐ Argument 3 These 1
☐ Argument 1 ☐ Argument 2 ☐ Argument 3 These 2
Folgerungen aus These 1 und 2
Schluss

Manche Disziplinen schreiben den deduktiven oder induktiven Forschungsansatz von vornherein vor. Haben Sie dagegen die Wahl, so entscheiden Sie sich anhand des Gegenstands für die deduktive oder die induktive Gliederung. Haben Sie es mit bislang wenig erforschtem Material zu tun, so liegt der Reiz Ihrer Arbeit in erster Linie in der Erschließung und Interpretation: Entscheiden Sie sich deshalb für die **induktive** Gliederung. Sie rückt das Material in den Vordergrund. Dagegen lenkt die **deduktive** Gliederung den Blick primär auf die Hypothesen, die bewiesen werden. Deshalb wählen Sie für eine Arbeit, deren Folgerungen besonders interessant sind, die deduktive Gliederung. Diese Empfehlung ist jedoch keineswegs bindend. Es ist vielmehr immer nützlich, mit Gliederungsmodellen zu spielen, ein und denselben Inhalt versuchsweise in unterschiedliche Formen zu gießen, um herauszufinden, welche Gliederung dem Gegenstand am besten entspricht.

Wann deduktiv, wann induktiv gliedern?

18.4 Die Ursache-Wirkung-Gliederung

Ursachen-Folgen-Gliederung

Wo immer kausale Zusammenhänge untersucht werden, bietet sich eine Ursache-Wirkung-Gliederung an. Dabei stehen verschiedene Varianten zur Verfügung. Wir können von *einer* Ursache ausgehen und ihre diversen Folgen, d.h. Wirkungen beschreiben (Abb.5.11). Wenn wir etwa die Auswirkungen der Privatisierung von Unternehmen in Osteuropa nach der Wende untersuchen, so lassen sich verschiedene Folgen *einer* Ursache ausmachen. In unserer Arbeit gehen wir von der Ursache aus, die wir zunächst in einem eigenen Kapitel beschreiben. Dann stellen wir in jeweils einem Kapitel die verschiedenen Konsequenzen dar und versuchen, sie mit Hilfe eines adäquaten theoretischen Modells zu erklären.

Abbildung 5.11: Ursache-Wirkung-Gliederung

Einleitung
Ursache
Wirkung 1
Wirkung 2
Wirkung 3
Folgerung
Schluss

18. Gliederungsmodelle **125**

Abbildung 5.12: Ursache-Wirkung-Gliederung

Einleitung

Ursache 1
       ☐ Wirkung 1
       ☐ Wirkung 2
       ☐ Wirkung 3

Ursache 2
       ☐ Wirkung 1
       ☐ Wirkung 2
       ☐ Wirkung 3

Folgerung
Schluss

Wenn dagegen *mehrere* Ursachen mit unterschiedlichen Wirkungen beschrieben werden, analysieren wir jeweils *eine* Ursache mit ihren Wirkungen in einem eigenen Kapitel (Abb. 5.12)

Wir können aber auch von der Beschreibung *eines* Phänomens ausgehen und nach den verschiedenen Ursachen fragen (Abb. 5.13). Wenn wir etwa die Ursachen der Verelendung von Vorstadtvierteln europäischer Großstädte untersuchen, lassen sich zahlreiche unterschiedliche Auslöser feststellen. Hier werden wir also vom Resultat ausgehen, es beschreiben und erklären. Ein vergleichbares Thema ist die »Arbeitslosigkeit in Deutschland seit den späten 70er Jahren«: Hier ist *ein* Phänomen durch verschiedene Ursachen bedingt: Strukturwandel, hoher Reallohnsatz, konjunkturelle Schwankungen.

Folgen-Ursachen-Gliederung

Auch in diesem Gliederungsmodell lassen sich mehrere Phänomene mit ihren verschiedenen Ursachen betrachten. Entsprechend behandeln wir dann jeweils *ein* Phänomen mit seinen Ursachen in einem eigenen Kapitel.

Abbildung 5.13: Ursache-Wirkung-Gliederung

Einleitung
Phänomen
Ursache 1
Ursache 2
Ursache 3
Folgerung
Schluss

18.5 Die Relationsgliederungen

Sehr häufig befassen sich wissenschaftliche Arbeiten mit vergleichenden Aufgaben. Es geht darum, Texte zu vergleichen, Quellen zueinander in Beziehung zu setzen, Befunde vergleichend auszuwerten. Bei einer solchen Aufgabenstellung gibt es grundsätzlich zwei Darstellungsmodelle: die Blockgliederung oder die alternierende Gliederung. Die Blockgliederung untersucht zunächst die gegebenen Gegenstände unabhängig voneinander und führt

18. Gliederungsmodelle **127**

erst dann die Einzelergebnisse in einem Vergleich zusammen (Abb. 5.14).

Blockgliederung

Wenn Sie zwei Naturgedichte vergleichen, ein naturalistisches und ein symbolistisches, so untersuchen Sie zunächst beide Texte unabhängig voneinander nach ihren konstituierenden Merkmalen. Diese Merkmale unterscheiden sich so markant voneinander, dass ein Zug-um-Zug-Vergleich hier wenig sinnvoll wäre. Erst nach den Einzelinterpretationen lassen sich Ähnlichkeiten und Unterschiede erkennen.

Die alternierende Gliederung bietet sich dagegen an, wenn Gegenstände verglichen werden, die mehr Ähnlichkeiten als Unterschiede aufweisen. In diesem Fall werden in einem ersten Schritt beide Gegenstände unter *einer* Vergleichshinsicht untersucht und Gemeinsamkeiten und Unterschiede festgehalten. Danach werden in einem nächsten Schritt die-

alternierende Gliederung

Abbildung 5.14: Blockgliederung

Einleitung

Objekt 1
    ☐ Aspekt 1
    ☐ Aspekt 2
    ☐ Aspekt 3

Objekt 2
    ☐ Aspekt 1
    ☐ Aspekt 2
    ☐ Aspekt 3

Vergleich der Ergebnisse
Schluss

selben Objekte auf ein weiteres Vergleichsmoment hin analysiert (Abb. 5.15). Nach jedem Vergleich folgt eine kurze Zusammenfassung der Ergebnisse, die später in einer Folgerung zusammengeführt werden. Wenn Sie etwa das Thema »Interkonfessioneller Religionsunterricht in Deutschland und England« bearbeiten, bietet sich folgende alternierende Gliederung an:

I. Gesetzliche Grundlagen

II. Neue Religionspädagogik

III. Stellung der Kirchen zum interkonfessionellen Unterricht

In jedem Gliederungspunkt untersuchen Sie sodann sowohl das deutsche als auch das englische System abwechselnd.

Auch bei den Relationsgliederungen empfiehlt es sich, mit beiden Variationen zu experimentieren. Generell lässt sich die Blockgliederung gut bei Untersuchungsgegenständen

Wann Blockgliederung, wann alternierende Gliederung?

Abbildung 5.15: Alternierende Gliederung

Einleitung

Vergleich 1
  ☐ Objekt 1
  ☐ Objekt 2
Zusammenfassung

Vergleich 2
  ☐ Objekt 1
  ☐ Objekt 2
Zusammenfassung

Folgerung
Schluss

anwenden, die sich prägnant voneinander unterscheiden; die alternierende Gliederung eignet sich dagegen eher bei ähnlichen Objekten, weil man durch die vergleichende Zusammenschau Wiederholungen vermeidet.

Unterschiedliche Modelle lassen sich auch miteinander kombinieren. So kann man z.B. für die Gliederung auf Kapitelebene die systematische Gliederung wählen, innerhalb der Kapitel aber chronologisch gliedern. Ebenso kann z.B. am Anfang des Hauptteils zunächst eine historische Einführung oder ein theoretischer Aufriss stehen, anschließend folgt dann eine der hier vorgestellten Gliederungsformen.

All diese Modelle sind nicht als rigide Schemata zu betrachten, denen man sich unterwerfen muss, sondern als Gerüste, die eine übersichtliche Darstellung der Untersuchungsergebnisse erleichtern.

18.6 Empirische / naturwissenschaftliche Gliederungen

Während es in den meisten Disziplinen verschiedene Gliederungsmodelle gibt, folgen empirische und naturwissenschaftliche Arbeiten in der Regel einer einheitlichen Gliederung, die nur wenige Varianten zulässt. (Abb. 5.16). Bei empirischen Arbeiten können Sie allerdings je nach Disziplin alternativ auch eine der oben vorgestellten Gliederungsmodelle verwenden. Oder Sie können Ihre Arbeit in zwei großen Teilen aufbauen: Im ersten Teil skizzieren Sie eine Theorie oder ein Modell, im zweiten Teil verwenden Sie die empirische Gliederung.

Mit Hilfe eines Flussdiagramms lassen sich die einzelnen **Arbeitsschritte** in ihrer logischen Abfolge nachzeichnen.

Flussdiagramm der Arbeitsschritte

Wissensstand → Problem → Lösungsweg
→ Ergebnisse → Lösung → erweiterter Wissenstand

Aufbau der Arbeit

In der **Darstellung** wird dieser Weg in ein leserorientiertes kommunikatives Schema übersetzt:

> Literaturbericht → Fragestellung → Untersuchungsdesign → Ergebnisse → Diskussion → Zusammenfassung

⇒ Baustein 20
⇒ Baustein 19
⇒ Baustein 21
⇒ Baustein 22

In der Einleitung wird der Leser über den Forschungsstand informiert und in die Problemstellung eingeführt. Der Hauptteil umfasst drei Kapitel: Untersuchungsdesign (oder: Material und Methoden), Ergebnisse, Diskussion. Im Schlussteil werden die Ergebnisse lediglich knapp rekapituliert. Literaturverzeichnis und Anhang werden in der Regel ebenfalls nach festen Vorgaben gestaltet.

Abbildung 5.16: Empirische/naturwissenschaftliche Gliederung

1. **Einleitung**
   1.1 Forschungslage
   1.2 Problemstellung
2. **Untersuchungsdesign**
   2.1 Untersuchte Kollektive
   2.2 Messmethoden
   2.3 Material
   2.4 Datenanalyse
3. **Ergebnisse**
4. **Diskussion**
   4.1 Methoden
   4.2 Ergebnisse
5. **Zusammenfassung**
6. **Literaturverzeichnis**
7. **Anhang**

Rückblick

Strukturen für Ihre Arbeit finden Sie, indem Sie zunächst Ihre Ideen intuitiv und/oder systematisch ordnen (»Zettelwirtschaft« und Mindmap) und anschließend mit Hilfe des Waage-Modells Ihre Argumentation aufbauen. Um den Fokus der Arbeit zu klären, schreiben Sie eine fiktive Rezension und formulieren Sie Ihre zentrale Forschungsfrage. Eine logisch-formale Ordnung gewinnt Ihre Arbeit durch unterschiedliche Gliederungsmodelle, die Sie spielerisch testen sollten.

Kapitel 6
Rohfassung

Rohfassung

19. Der rote Faden
- Kritzelzeichnung ausprobieren
- Textskelett entwerfen
- Verknüpfungen
- den roten Faden testen

20. Einleitung
- Titel und Inhaltsverzeichnis
- Standortbestimmung und Problemlage
- Methode und Ergebnisse

21. Schluss
- Rückblick
- Ausblick

22. Literaturangaben und Anhang

Bisher haben wir Ideen geordnet, das Grundgerüst der Argumentation mit Hilfe des Waage-Modells aufgebaut, den Brennpunkt der Arbeit gefunden und mögliche Gliederungen durchgespielt. Jetzt beginnen wir mit der Niederschrift der ersten Fassung unserer Arbeit, der Rohfassung. Die vorausliegenden Arbeitsgänge durchlaufen wir mehr oder weniger gründlich, je nachdem, wie sicher wir unser Thema im Griff haben. Wenn Sie sich in der einen oder anderen Frage recht sicher sind – wenn Sie z.B. den Brennpunkt der Arbeit deutlich sehen oder wenn die Gliederung schon ziemlich früh feststeht – so können Sie auf die hier vorgeschlagenen Übungen verzichten. Alle Übungen sind Angebote, die man bei Bedarf nutzen *kann*, nicht *muss.*

Machen Sie sich zunächst klar, dass Ihre Darstellung nicht den *Ablauf* Ihrer Recherchen, Untersuchungen und Überlegungen nachzeichnet, sondern Ihre *Ergebnisse* überzeugend darstellen und belegen soll. Das bedeutet, dass Sie in Ihrer Argumentation in der Regel vom Ergebnis ausgehen und

136 Kapitel 6 Rohfassung

Belege und gedeutetes Material je nach Gliederungsart in unterschiedlicher Anordnung präsentieren.

Hauptteil der Arbeit zuerst schreiben

Es hat sich bewährt, beim Schreiben der Rohfassung mit dem Hauptteil anzufangen, nicht mit der Einleitung. Die Einleitung ist meist der komplexeste Teil der Arbeit, der am beschwerlichsten zu schreiben ist. Sie lässt sich leichter schreiben, wenn Sie die Arbeit in ihrem Verlauf schon überblicken – nämlich am Schluss. Dennoch kann es durchaus hilfreich sein, eine locker formulierte Einleitung ins Unreine zu schreiben, um sich selber über Aufgabe und Weg klar zu werden. Dabei muss man sich aber vor Augen halten, dass diese Einleitung vorläufig ist.

⇒ Baustein 31

Die Rohfassung beginnt also mit dem Hauptteil. Sollte der erste Gliederungspunkt besondere Schwierigkeiten bieten, können Sie auch versuchsweise mit einem anderen Gliederungspunkt beginnen. Wichtig ist es in dieser ersten Schreibphase zunächst einmal, überhaupt ins Schreiben zu kommen.

19. Der rote Faden

⇒ Baustein 18

Um unsere Argumentation Schritt für Schritt zu entfalten, brauchen wir außer einer geeigneten Gliederung vor allem einen roten Faden, an dem wir den Leser durch unsere Untersuchung führen. Hier hilft ein scheinbarer Umweg: Wir versuchen, unseren roten Faden zunächst nicht schreibend, sondern zeichnend zu entwerfen. Dabei können uns Joan Miros »Kritzelzeichnungen« anregen, unsere Gedanken graphisch darzustellen (Titelblatt Kapitel 6). In einer **Kritzelzeichnung** drücken wir die komplexe Struktur unseres Ideennetzes räumlich aus.

Kritzelzeichnung entwerfen

Betrachten wir eine Kritzelzeichnung zum Thema »Wolf Biermanns Ausbürgerung und die Folgen« (Abb. 6.1). Hier soll die Situation der DDR in den 70er Jahren dargestellt und die Ausbürgerung des Liedersängers Wolf Biermann nach seinem Konzert in Köln 1976 in ihren Folgen untersucht werden. Die Zeichnung stellt die politische und gesellschaftliche Situation in der DDR als von Widersprüchen geprägt dar. Diese Widersprüche spiegeln sich auch im Verhalten der Staatsführung ihrem Kritiker gegenüber. Biermanns Ausbürgerung verstärkte nicht nur die Wahrnehmung dieser Widersprüche, sondern die Widersprüche selber. Zugleich wuchs damit die Kluft zwischen dem politischen Anspruch und der gesellschaftlichen Realität. Die Kritzelzeichnung lässt die Polaritäten deutlich erkennen und gibt so eine Basis für die Argumentation der Arbeit vor: Es wird darum gehen, die Widersprüche auf den unterschiedlichen Ebenen in ihrer Interdependenz aufzuzeigen.

In der Zeichnung geht es zunächst nicht darum, die *Abfolge* der Argumente darzustellen, sondern die **Sachlogik** selber, die gewonnen Erkenntnisse im Zusammenhang der Fragestellung. Anschließend erläutern wir die eigene Zeichnung in Worten. Wir übersetzen also die graphischen

Die meisten Akademiker wissen, wie man etwas auseinandernimmt, aber nicht, wie man es zusammenfügt.
Julia Cameron, amerik. Drehbuchautorin

Abbildung 6.1: Kritzelzeichnung zum Thema: Wolf Biermanns Ausbürgerung aus der DDR 1976

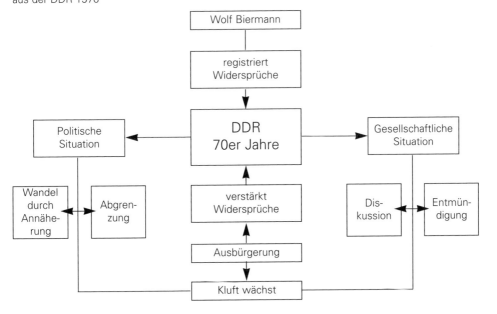

Bezüge in logische. So spinnen wir den roten Faden aus unserer Zeichnung heraus. Dieser »Umweg« über ein anderes Medium ist deshalb erfolgversprechend, weil er die Autorin zunächst selbst die Komplexität des eigenen Ideennetzes ein*sehen* lässt. Ein solcher Entwurf kann anschließend leichter in einen argumentativen Text übersetzt werden.

Markieren Sie bei dieser »Übersetzung« von der Zeichnung in den Text die Schaltstellen des Verständnisses: In unserem Beispiel betonen wir z.B. die *Gegensätze* zwischen erklärten Zielen und dem tatsächlichen Handeln, die *Ursachen* der Ausbürgerung, die *Gründe* für die breite Solidarisierung und ihre *Folgen*.

> ### ÜBUNG
> Versuchen Sie, mit wenigen Strichen mögliche Ergebnisse in einer Kritzelzeichnung festzuhalten. Verändern Sie die Zeichnung so lange, bis Sie das Gefühl haben, dass sie in etwa das abbildet, was Sie herausgefunden haben. Und verlieren Sie nicht den Mut, wenn diese Technik nicht auf Anhieb funktioniert. Fast alle kreativen Tipps in diesem Buch sollten Sie wiederholt anwenden und ausprobieren.

Stellen Sie sich Ihre Arbeit wie eine Touristenroute vor, bei der jeder Abschnitt einen Haltepunkt der Route markiert. Sie sind der Fremdenführer und Ihre Leser sind die Touristen. Zeichnen Sie ein Bild Ihrer Route und dann notieren Sie, was Ihre Touristen erwartet, wenn Sie durch Ihre Arbeit reisen. Und hören Sie an jedem Haltepunkt auf ihre Fragen. Donald M. Murray

Textskelett

Sobald Sie alle Informationen und Ideen gesammelt haben, entwickeln Sie ein Textskelett. Drucken Sie Ihre Exzerpte aus und breiten Sie Ihr Material für das erste Kapitel oder den ersten Unterpunkt Ihres ersten Kapitels vor sich aus. Entscheiden Sie jetzt, welche Behauptungen/Informationen Sie in Ihren Text übernehmen wollen. Anschließend formulieren Sie für jede Behauptung einen Satz. Sie werden pro Unterpunkt – oder bei einer kürzeren Arbeit pro Kapitel – zwischen drei und sieben wichtige Sätze festlegen. Dann stellen Sie sich einen Zuhörer vor, der nicht in Ihre Thematik eingearbeitet ist. Überlegen Sie, in welcher Reihenfolge Ihr Zuhörer diese Sätze am besten verstehen würde. Der Leser sollte Ihrer Argumentation Schritt für Schritt leicht folgen können. Jetzt kopieren Sie die Sätze in der festgelegten Reihenfolge in ein neues Dokument, das den Titel Ihres ersten Kapitels trägt. Wenn Sie nun größere Abstände zwischen diesen Sätzen einfügen, erhalten Sie ein Skelett Ihres Textes. Dieses Skelett füllen Sie nun mit »Fleisch« auf, indem Sie Ihre Behauptungen erklären, belegen, diskutieren und anschließend zum nächsten zentralen Satz überleiten.

Gefestigt wird der rote Faden durch Signale, die den Leser leiten. Hierzu gehören z.B. **Leitfragen**, die eine Argumentation vorbereiten. Wenn der Leser weiß, welcher Frage die Autorin als nächstes nachgeht, kann er sich auf die Argumentation einstellen, weil ihm der Fragehorizont klar ist. Leitfragen werden zwar bereits in der Einleitung der Arbeit angedeutet; der Rückgriff auf diese Fragen an Schaltstellen der Argumentation festigt aber die Kohärenz des Textes. Nehmen wir an, wir haben zunächst geschildert, wie Künstlerkollegen auf Biermanns Ausbürgerung reagierten, so betrachten wir anschließend die Reaktion des Staates auf diese Proteste. Hier formulieren wir indirekt eine wichtige Leitfrage: *Für die DDR, die Kunst und Kultur stets für ihre politischen Ziele zu instrumentalisieren wusste, ist dieser kollektive Protest gefährlich. Sie muss Wege suchen, ihre Künstler an das Regime zu binden, ohne durch allzu drakonische Maßnahmen den Exodus zahlreicher Künstler und Intellektueller zu provozieren.*

Leitfragen formulieren

Überleitungen explizieren die Verbindung zwischen den einzelnen Argumenten und stärken so den roten Faden. Sie sind notwendige Bestandteile jeder längeren Arbeit, denn sie rekapitulieren kurz den Stand der Argumentation und bereiten eine neue Argumentationskette vor. Überleitungen machen deutlich, in welchem Zusammenhang der neu einsetzende Argumentationsstrang mit der bisherigen Beweisführung steht:

Überleitungen schaffen

- Es werden ähnliche Argumente präsentiert: *gleichermaßen, ebenso, in ähnlicher Weise, auch hier, vergleichbar*
- es folgen begründende Argumente oder Belege : *weil, da, denn, wie sich ... zeigt, wie aus ... hervorgeht, wie sich ... belegen lässt, wie ... ergibt , wie ... beweist*
- es werden Gegenargumente aufgebaut: *obwohl, dennoch, trotzdem, dagegen, aber, jedoch, im Unterschied*

zu, demgegenüber, im Gegensatz zu, im Gegenteil, anders als, während.

Vorankündigungen festigen Ihre Argumentation, indem sie dem Leser etwas ankündigen, das er später wiedererkennen wird. Ebenso erinnern ihn **Rückverweise** an bereits Gelesenes. Dieses Wiedererkennen gibt dem Leser das Gefühl, einer besonders klar strukturierten Argumentation zu folgen.

Sie können jedes Kapitel mit einer kurzen Einführung von ein oder zwei Abschnitten beginnen. Anschließend folgt der erste Unterpunkt des Kapitels.

Zusammenfassung als Kurzfassung der Ergebnisse

Auch **Zusammenfassungen** konsolidieren die Argumentation. Sie bringen keine zusätzlichen Informationen ein, sondern verdeutlichen an den Gelenkstellen des Textes – am Ende einzelner Kapitel und am Schluss der Studie – die Ergebnisse. Zusammenfassungen am Ende jedes Kapitels resümieren also im Unterschied zu den Überleitungen zwischen den einzelnen Argumentationsschritten lediglich die **Kernthese** des Kapitels. Dabei steht das **Ergebnis** im Mittelpunkt, nicht der Weg, der zu diesem Ergebnis geführt hat. Diese Unterscheidung ist wichtig, denn häufig versucht man fälschlicherweise, in einer Zusammenfassung schlecht und recht die gesamte Arbeit zu rekapitulieren. Die Darstellung der *Ergebnisse* verlangt dagegen die Konzentration auf die **zentrale Aussage** jeder Texteinheit. Indem die Ergebnisse knapp an exponierter Stelle noch einmal präsentiert werden, können sie sich im Bewusstsein des Lesers verankern.

Kapitelüberschriften und Zwischentitel

Neben Leitfragen, Überleitungen und Zusammenfassungen können auch formale Gestaltungsmittel genutzt werden, um die Argumentation zu festigen. So lassen sich **Kapitelüberschriften** und **Zwischentitel** zur Orientierung nutzen. Zwischentitel, kursiv gedruckt, gliedern einen längeren Text, müssen aber nicht eigens als Gliederungspunkte im Inhaltsverzeichnis auftauchen.

Leitbegriffe

Leitbegriffe können drucktechnisch durch Kursiv- oder Fettdruck hervorgehoben werden. **Absätze** sollen den Be-

19. Der rote Faden 141

ginn eines neuen Gedankens markieren. Es lohnt sich, die eigene Arbeit gezielt auf ihre Abschnittsgliederung hin durchzusehen, denn dieses Vorgehen zwingt uns, noch einmal genau auf die Argumentationsschritte zu achten.

Absätze setzen

Schließlich können auch **Abbildungen** und **Graphiken** die Argumentation stützen, indem sie das Gesagte bildlich verdeutlichen. Dabei müssen allerdings die Abbildungen interpretiert und kommentiert werden; sie stehen vor oder nach einer Erläuterung, können sie aber nicht ersetzen.

Abbildungen unterstützen den Text

Beispiele schließlich sind geeignet, die Argumentation zu stärken, weil sie die Ergebnisse auf einer konkreten Text- oder Quellenbasis exemplifizieren. Studien zur Textverständlichkeit haben gezeigt, dass schwer verständliche Argumentationszusammenhänge durch eingefügte Beispiele verständlicher werden.

Beispiele erleichtern das Verständnis

Beim Schreiben einer wissenschaftlichen Arbeit muß der rote Faden jedoch nicht nur geknüpft, sondern gleichsam auch auf seine *Reißfestigkeit* getestet werden. Dieser Test wird mit Hilfe von **Leserfragen** durchgeführt. Wiederum wechselt der Schreibende die Perspektive und stellt zu jedem größeren Sinnabschnitt seiner Arbeit eine Leserfrage, die dieser Abschnitt beantwortet. Diese Übung wird zu einem späteren Zeitpunkt im Schreibprozess eingesetzt, wenn die erste Fassung der Arbeit, der Rohentwurf, bereits geschrieben ist, vielleicht sogar schon ein Mal überarbeitet. Auf den ersten Blick mag es widersinnig erscheinen, im nachhinein Fragen zu stellen, die der eigene Text dann beantwortet. Es zeigt sich jedoch, dass gerade durch diesen Perspektivenwechsel Schwachstellen und Brüche in der Argumentation sichtbar werden. Wenn sich zu einem Passus keine sinnvolle Frage findet, ist dieser Abschnitt mit ziemlicher Sicherheit überflüssig oder logisch unklar oder er steht an falscher Stelle im Argumentationszusammenhang. Eine **sinnvolle Frage** vertieft dagegen die Argumentation oder treibt sie voran.

roten Faden durch Leserfragen testen

Unterteilen Sie Ihren Entwurf in Abschnitte und lassen Sie reichlich Platz zwischen ihnen. Notieren Sie in den freien Zwischenräumen die Antworten auf folgende Fragen: Was will ich mit diesem Abschnitt erreichen? Was habe ich erreicht? Was könnte ich an diesem Abschnitt verändern, um mein Ziel zu erreichen?
Donald M. Murray

142 Kapitel 6 Rohfassung

> **ÜBUNG**
> Nehmen wir als Beispiel eine Arbeit mit dem Thema »Der Front National – eine Partei der extremen Rechten in Frankreich«. Lesen Sie die ausgewählten Abschnitte und ordnen Sie jedem Abschnitt eine mögliche Leserfrage zu, auf die dieser Abschnitt antwortet:

1. Der Front national vereint als Sammelbewegung unter seinem Dach die verschiedensten, in ihren Interessen zum Teil gegensätzlichen Strömungen der französischen extremen Rechten. Das Spektrum reicht von Monarchisten über katholische Traditionalisten bis hin zu Anhängern des Vichy-Regimes.

2. Als Sprengsatz für den Front national erwies sich eine Lagerbildung aus späterer Zeit. Mit den Wahlerfolgen stellte sich für den Front national die Frage nach der Beteiligung an der Macht. Während Le Pen nur zu einer Zusammenarbeit zu seinen Bedingungen bereit war, wollte der Generaldelegierte Mégret und mit ihm der kleinere Teil der Front national-Anhänger die Beteiligung an der Macht auch um den Preis von Zugeständnissen an die bürgerliche Rechte. An dieser Frage spaltete sich die Partei im Januar 1999.

3. Weltanschaulich steht der Front national in der Tradition der französischen extremen Rechten. Er ist nationalistisch, fremdenfeindlich, antiliberal, antikommunistisch und autoritär.

4. Der Front national vollbringt das Kunststück, gegensätzliche Strömungen unter einem Dach zu vereinen und zu halten. Ihrem Vorsitzenden Le Pen gelingt es, jedes Lager rhetorisch zu bedienen, ohne sich selbst auf eine Strömung festzulegen. So findet sich jede Strömung im Front national wieder.

Lesen Sie jetzt Ihre 4 Fragen im Zusammenhang und überlegen Sie, ob eine andere Reihenfolge der Fragen einleuchtender wäre. Bringen Sie dann die Fragen in eine etwas andere Reihenfolge.

Vergleichen Sie nun *Ihre* Fragen mit den unten aufgeführten, die, wie Sie sehen, zunächst noch in der ursprünglichen Reihenfolge stehen:

19. Der rote Faden **143**

1. Was macht den Front national als Sammelbewegung aus?
2. Was spaltete die Partei?
3. Aus welcher Tradition stammt der Front national?
4. Wie gelingt der Zusammenhalt der Partei?

Liest man die vier Leserfragen im Zusammenhang, merkt man schnell, dass die zweite Frage besser am Ende stehen sollte: erst auf die Beschreibung der Sammelbewegung, ihrer Tradition und ihres Zusammenhalts sollte die Darstellung ihrer Spaltung folgen. Sie würden also in Ihrer Arbeit sinnvollerweise den zweiten Abschnitt ans Ende der Darstellung rücken.

Um die Solidität des roten Fadens zu erproben, können Sie auch in jedem Großabschnitt eines Kapitels *einen* Satz unterstreichen, in dem sich die wichtigste Aussage konzentriert findet. Die so markierten Sätze sollten, als zusammenhängender Text gelesen, inhaltlich sinnvoll und logisch kohärent sein.

> In welchem Satz liegt die wichtigste Aussage?

Wenn wir in unserem Beispiel die Reihenfolge der Abschnitte ändern, Satzteile unterstreichen und zu Sätzen verbinden, ergibt sich die konzentrierte Aussage der vier Abschnitte:

Der Front national vereint als Sammelbewegung unter seinem Dach die verschiedensten Strömungen der französischen extremen Rechten. Er ist nationalistisch, fremdenfeindlich, antiliberal, antikommunistisch und autoritär. Ihrem Vorsitzenden Le Pen gelingt es, jedes Lager rhetorisch zu bedienen, ohne sich selbst auf eine Strömung festzulegen. Mit den Wahlerfolgen stellte sich für den Front national die Frage nach der Beteiligung an der Macht. Diese Frage spaltete die Partei im Januar 1999.

In den meisten Disziplinen können Sie den Aufbau Ihres Textes selber bestimmen. In einigen Fächern sind dagegen spezielle Textmuster üblich. Dies gilt besonders für die Naturwissenschaften, die Medizin und einige Fächer, die sich bei empirischen Arbeiten eng an naturwissenschaftliche Arbeitsweisen anlehnen. Deshalb möchte ich hier ergänzend einige spezielle **Hinweise für empirische und naturwissenschaftliche Arbeiten** anfügen.

⇒ Baustein 18

144 Kapitel 6 Rohfassung

Aufbau empirischer Arbeiten

Wir haben bereits gesehen, dass der Hauptteil einer empirischen Arbeit aus 3 Teilen besteht:

♦ Untersuchungsdesign
♦ Ergebnisse
♦ Diskussion

■ Untersuchungsdesign

Material und Methode beschreiben

Am leichtesten wird Ihnen Ihre Arbeit von der Hand gehen, wenn Sie beim Schreiben mit diesem Kapitel beginnen. Sie beschreiben zunächst präzise Ihren Untersuchungsgegenstand, Ihre Probandengruppen und/oder das Untersuchungsgut. Anschließend erläutern Sie Ihr methodisches Vorgehen oder verweisen auf eine Sekundärquelle, die eben dieses Verfahren beschreibt. Sie können diesen Unterpunkt auch nochmals untergliedern in »Messmethoden« und »Datenanalyse«.

Wenn Sie Geräte oder Chemikalien verwenden, listen sie diese auf und erklären ihren Einsatz. Ein Bezugsquellenverzeichnis im Anhang führt die genannten Arbeitsmittel nochmals auf. Sofern Sie mit statistischen Methoden arbeiten, die nicht allgemein gebräuchlich sind, müssen Sie diese ebenfalls darstellen.

■ Ergebnisse

Ergebnisse knapp referieren

In diesem Kapitel referieren Sie knapp und ohne Literaturverweise die Ergebnisse Ihrer Auswertung. Sie zeigen Ihren Lesern, wie die gewonnen Daten zu lesen sind. Dabei nennen Sie nur Daten, die sich auf Ihre Fragestellung beziehen und die später diskutiert werden. Wenn Sie zahlreiche Einzelergebnisse präsentieren, lohnt sich eine Untergliederung. Verweisen Sie hier auch auf Tabellen und Graphiken im Anhang. Beginnen Sie diesen Teil, indem Sie zunächst die Abbildungen zusammenstellen und beschriften. Sie können sich dann im Folgenden beim Schreiben direkt auf diese Abbildungen beziehen. Haben Sie sehr viele Abbildungen, können Sie diese im Anhang zusammenfassen. Denken Sie unbedingt daran, dass Abbildungen die Ergebnisse lediglich *illustrieren*. Sie müssen deshalb auf jeden Fall durch den begleitenden Text interpretiert werden! Ihre Abbildungen sollten Sie besonders sorgfältig erstellen, denn Abbildungen werden, neben dem Abstract, mit Sicherheit am häufigsten angesehen. Nummerieren und beschriften Sie alle Abbildungen. Die Legende (= Beschriftung der Abbildungen) sollte so ausführlich sein, dass alle Abbildungen auch ohne den erklärenden Textzusammenhang verständlich sind.

■ Diskussion

In diesem Kapitel interpretieren Sie Ihre Ergebnisse. Zunächst rekapitulieren Sie alle Ergebnisse in wenigen Sätzen und prüfen, ob sie Ihre Hypothesen bestätigen oder widerlegen. Ihre Hypothesen setzen Sie dann in Beziehung zu Ihrer Fragestellung. Anschließend vergleichen Sie Ihre Ergebnisse mit den in der Forschung vertretenen Positionen. Überprüfen Sie kritisch mögliche Fehlerquellen Ihrer Untersuchung einschließlich Ihrer Methode. Setzen Sie schließlich Ihre eigenen Ergebnisse in Beziehung zu den in Ihrer Einleitung angeführten Forschungsergebnissen. Achten Sie hierbei darauf, dass es sich ausschließlich um wirklich *vergleichbare* Studien und Ergebnisse handelt. Und wenn Sie sich auf Forschungsergebnisse beziehen, überprüfen Sie sorgfältig, ob Sie die *originären* Ergebnisse eines bestimmten Forschers zitieren oder ob dieser seinerseits vielleicht eine dritte Quelle zitiert. Irrtümer können hier zu peinlichen Verwirrungen führen.

Diskussion der Ergebnisse, Methoden und möglichen Variablen

20. Einleitung

Die Einleitung einer Arbeit ist der Ort, an dem der Autor mit dem Leser in Kontakt tritt. Hier werden die Grundlagen für das Verständnis der gesamten Studie gelegt. Deshalb stellen wir unsere Überlegungen zur Gestaltung der Einleitung unter das Motto »Kontaktnahme mit dem Leser« (Abb. 6.2).

Kontaktnahme mit dem Leser

20.1 Titel

Titel präzise formulieren

Die Kontaktnahme mit dem Leser beginnt bereits mit der Wahl des Titels. Je präziser der Titel formuliert ist, umso eher kann sich der Leser informieren. Präzise zu formulieren bedeutet, dass Leitbegriffe des Themas im Titel auftauchen müssen: »Virtuelle Unternehmen und Electronic Commerce«, »Christian Thomasius als Gegner der Hexenverfolgung«, »Anorexia nervosa: Therapie und Prävention«, »Schlüsselqualifikationen in der Dienstleistungsgesellschaft«,

Abbildung 6.2

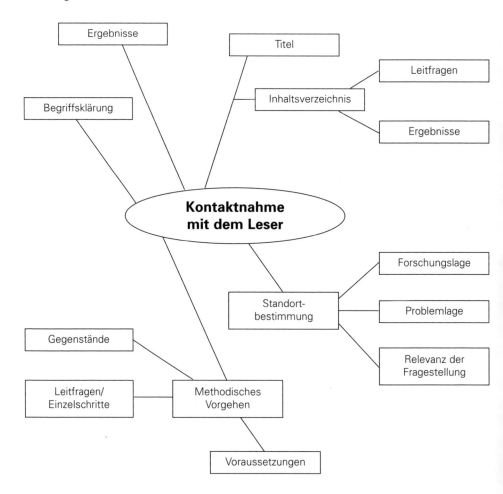

»Anästhesie und perioperativer Verlauf bei geriatrischen Patienten«.

Oftmals wählen Autoren wohlklingende oder griffige Titel, um Aufmerksamkeit zu wecken. Dagegen ist nichts einzuwenden, wenn im Untertitel die Fragestellung möglichst genau expliziert wird. Der Untertitel begrenzt auch meist die allgemeinere Themenstellung des Haupttitels und konzentriert so den Blick der Untersuchung auf bestimmte Aspekte: »Globalisierung. *Veränderungen auf dem Markt internationaler Nachrichten*«, »Afrika in unseren Köpfen. *Schein und Wirklichkeit westlicher Afrikabilder*«, »Angebotsorientierte Wirtschaftspolitik. *Ein Weg zur Sicherung von Wohlstand und Beschäftigung in entwickelten kapitalistischen Industriestaaten*«.

Obertitel und Untertitel

Da immer mehr wissenschaftliche Arbeiten über das Internet verbreitet werden, ist es umso wichtiger, die relevanten Suchbegriffe im Titel zu verankern. Man wird Ihre Arbeit auch eher wahrnehmen, wenn sie zielgenau formuliert ist. Allgemeine Titel wecken kaum die Neugier des Lesers, weil man dahinter zunächst auch nur allgemeine Untersuchungen vermutet.

relevante Suchbegriffe nennen

20.2 Inhaltsverzeichnis

Das Inhaltsverzeichnis sollte so übersichtlich wie möglich und dabei so informativ wie nötig sein. Für die Formulierung der Kapitelüberschriften gibt es zwei Möglichkeiten: Entweder Sie formulieren Leitfragen oder Ergebnisse. Leitfragen zu formulieren bedeutet nicht, das Inhaltsverzeichnis in Frageform zu fassen, sondern in den Überschriften die Untersuchungsaspekte sichtbar zu machen.

Die folgenden Beispiele nennen jeweils nur einige ausgewählte Gliederungspunkte zu verschiedenen Themen, um mögliche Formulierungen zu demonstrieren. Hinter den Überschriften sind jeweils die **Leitfragen** zu erkennen:

Leitfragen formulieren

Virtuelle Unternehmen und Electronic Commerce
- *Merkmale virtueller Unternehmen*
- *Lebensphasen virtueller Unternehmen*
- *Virtuelle Unternehmen und Transaktionskosten*

Chancengleichheit in der Koedukation
- *Mädchenbildung im 18. Jahrhundert*
- *Der Anfang der Frauenbewegung*
- *Hitler und sein Schulsystem*

Ergebnisse formulieren

Formuliert man die Gliederungspunkte als **Ergebnisse**, kann man ebenfalls kurze nominale Wendungen wählen:

Formen der Unternehmenskonzentration
- *Kartelle*
- *Syndikate*
- *Konzerne*

Deutsche Minderheiten in Russland
- *Eigenständige Siedlungsformen*
- *Tourismus als Chance und Bedrohung*
- *Sprache und Religion als Identifikationsgrundlage*

Überschriften können in nominaler Form oder als kurze Sätze gefasst werden. Meist bevorzugt man die Nominalform, weil sie kürzer und vielfach auch prägnanter ist.

ÜBUNG
Probieren Sie für Ihr Inhaltsverzeichnis die verschiedenen Arten aus, Leitfragen oder Ergebnisse zu formulieren.

20.3 Standortbestimmung

Fragestellung und Material erläutern

Titel und Inhaltsverzeichnis stellen zwar schon den Kontakt mit dem Leser her, jedoch geht es erst in der Einleitung darum, das Thema der Arbeit darzustellen. Dazu müssen Sie Ihre Fragestellung erläutern und Ihr Material ausbreiten. Bei einer literaturwissenschaftlichen Untersuchung etwa charakterisieren Sie zuerst das Textmaterial, das Ihnen zur Verfügung steht. Sie begründen die Textauswahl und präzisieren anschließend Ihre

Fragestellung. Bei einer historischen Arbeit dagegen werden Sie in der Regel zuerst die Fragestellung verdeutlichen und danach aufzeigen, welches Quellenmaterial vorliegt. Eine Arbeit in BWL wird zuerst die Ausgangssituation skizzieren und daraus die eigene Fragestellung ableiten.

Das Thema zu erläutern bedeutet, die Frage sichtbar zu machen, die hinter jedem Thema steht. Darüber hinaus geben Sie als Autorin dem Leser aber auch einen Überblick über die Forschungslage und skizzieren Ihren Standort innerhalb der Forschungsdiskussion. Diese Standortbestimmung macht dem Leser deutlich, von welcher Warte aus Sie an Ihr Thema herangehen.

Es hängt von dem Anspruchsniveau der wissenschaftlichen Arbeit ab, wie intensiv Sie die **Forschungslage** skizzieren. Für eine kürzere Arbeit wird in der Regel kein Forschungsüberblick erwartet, für eine längere Abschlussarbeit dagegen sollten Sie einen Überblick über unterschiedliche Forschungsmeinungen geben. Wenn man sich die Forschungspositionen wie Orte auf einer Landkarte vorstellt, so erscheinen die verschiedenen wissenschaftlichen Standpunkte wie Ballungsräume einerseits oder versprengte Siedlungen andererseits. Zu manchen Schwerpunkten eines Themengebiets gibt es zahlreiche Untersuchungen, zu anderen fast keine. Diese »Forschungslandschaft« stellen Sie dar, indem Sie unterschiedliche Positionen kurz kennzeichnen.

Forschungslage skizzieren

⇒ Baustein 12
⇒ Baustein 14

In einer Arbeit über die Rolle der Musik in Ingeborg Bachmanns Roman *Malina* heißt es: *Die umfangreiche Sekundärliteratur zeigt verschiedenste Lesarten des Romans auf, wobei die feministische dominiert, unabhängig davon, ob der Text als Autobiographie, als Liebes- oder Künstlerroman gelesen wird. Die Bedeutung der Musik wird in der vielfältigen Forschung jedoch verhältnismäßig wenig thematisiert, obwohl Ingeborg Bachmann selber stets betonte, wie lebensnotwendig Musik für sie sei und wie maßgeblich sie ihr Schreiben beeinflusse. Erst zwölf Jahre nach Erscheinen des Romans werden erstmals einige musikalische Bezüge des Textes in einem Aufsatz erörtert.*

In den letzten Jahren haben sich vier weitere Aufsätze und zwei Monographien mit der Funktion der musikalischen Intertexte in Malina auseinandergesetzt. So entspricht die Suche nach Intertextualität der aktuellen Lesart des Romans.

Eine Arbeit über die Erfolge der Verkaufsförderung in Deutschland könnte mit folgendem kurzen Überblick beginnen:

Die Forschung zur Verkaufsförderung (Sales Promotion) konzentriert sich bislang im wesentlichen auf die USA. Es werden Verkaufsförderungsinstrumente beschrieben, Vor- und Nachteile der Sales Promotion durch mathematische Modelle erläutert, die Wirkungen von Verkaufsförderung durch unterschiedliche Modelle analysiert und Optimierungsstrategien diskutiert.

Nach der Forschungsskizze umreißen Sie die **Problemlage/Fragestellung**, vor die sich Ihre Arbeit gestellt sieht. Dazu müssen Sie zunächst Ihren eigenen Standort innerhalb der Forschungsdiskussion finden. Von hieraus versuchen Sie dann, das offene Problem zu skizzieren.

Welche Frage wirft meine Arbeit auf?

Nehmen wir als Beispiel das Thema »Die Krise des modernen Romans«:

In der Forschung zum modernen Roman herrschen bislang Untersuchungen zeitgenössischer Romantheorien vor. Dem gegenüber setzt die vorliegende Arbeit bei der Analyse der Romanpraxis an. Sie fragt nach der Transformation des Romans, die als Folge einer sich verschließenden Wirklichkeit und eines seiner Identität ungewissen Individuums interpretiert wird.

Die genannte Arbeit über Sales Promotion könnte dagegen ihre Fragestellung wie folgt umreißen:

Diese Arbeit befasst sich mit der aktuellen Verkaufsförderung in Deutschland. Da die Datenlage für Konsumgüter besonders ergiebig ist, konzentriert sich die Untersuchung auf Produkte, die über den Lebensmitteleinzelhandel vertrieben werden. Im Vordergrund steht dabei die Frage nach der Absatzwirkung von Consumer Promotions.

20. Einleitung **151**

Die **Relevanz der Fragestellung** leuchtet oft bereits ein, sobald die Implikationen des Themas entfaltet wurden. Mitunter wird aber der Leser stärker motiviert, wenn er erfährt, welchen Erkenntnisgewinn die aufgeworfene Frage bringt und welches Erkenntnisinteresse den Autor leitet. Wenn ich z.b. das Thema »Interreligiöser Religionsunterricht in Deutschland und England« bearbeite, gehe ich von der Feststellung aus, dass Deutschland ein de facto Einwanderungsland mit einer multikulturellen Gesellschaft ist. Entsprechend sind Konzepte gefragt, die einer sich wandelnden Religiosität Rechnung tragen. Das englische Bildungssystem hat ein Modell des interreligiösen Religionsunterrichts entwickelt, das sich möglicherweise auf Deutschland übertragen ließe.

Warum ist meine Fragestellung relevant?

Die Reihenfolge der Schritte innerhalb der Einleitung lässt sich je nach Thema ohne weiteres verändern: So kann man etwa mit dem Aufriss der Problemlage beginnen, die Relevanz des Problems aufzeigen und erst danach den Stand der Forschung umreißen.

In einer empirischen/naturwissenschaftlichen Arbeit ist Ihnen die Reihenfolge weitgehend vorgegeben: Sie stellen in der Einleitung zunächst anhand der Literatur den aktuellen Forschungsstand dar und formulieren anschließend das offene Problem. Indem Sie demonstrieren, welche Lücke Sie mit Ihrer Untersuchung schließen wollen, stellen Sie Ihre Arbeit in einen größeren Forschungskontext. Achten Sie darauf, dass in der Einleitung jeder Forschungsbeitrag auftaucht, auf den Sie später zurück kommen werden.

Einleitung einer empirischen/naturwissenschaftlichen Arbeit

20.4 Methodisches Vorgehen

Nach der Standortbestimmung skizzieren Sie als nächstes knapp Ihr methodisches Vorgehen. Fragen Sie sich zunächst:
♦ Welche Gegenstände/welches Material untersuche ich?
♦ Welche Leitfragen habe ich gestellt, um Antworten auf meine zentrale Frage zu erhalten?

Fragen zur Methode

♦ Welche einzelnen Schritte tragen meine Beweisführung?
♦ Welche Voraussetzungen braucht mein Leser gegebenenfalls, um meiner Argumentation folgen zu können?

Gegenstand der Arbeit ist das zugrunde liegende Material: Primärtexte, Quellen, Erhebungen, Daten, Befunde oder Dokumente. **Leitfragen** erschließen dieses Material nach bestimmten Gesichtspunkten.

Gegenstand?

Leitfragen?

Bleiben wir bei unserem Beispiel des interreligiösen Unterrichts. Leitfragen sind hier etwa:
♦ Wie entwickelte sich der Religionsunterricht in Deutschland und England?
♦ Wie entwickelte sich die multikulturelle Gesellschaft?
♦ Wie reagierten beide Länder auf die Legitimationskrise des Religionsunterrichts?

In einer Arbeit über Sales Promotion lässt sich das Material unter folgende Fragen stellen:
♦ Welche Rolle spielt die Höhe der Preisnachlässe?
♦ Welches Timing ist am effektivsten?
♦ Welche Konsumenten lassen sich durch Promotions ansprechen?
♦ Welche Produkte eignen sich für Promotions?

Argumentationsschritte

Die **Einzelschritte** der Beweisführung deuten sodann die Antworten auf die Leitfragen an:
♦ Unterschiedliche Konfessionslandschaften in Deutschland und England
♦ Unterschiedlicher Grad der Integration
♦ Religionswissenschaftliche Unterweisung – gesellschaftskritische Religionspädagogik.
Entscheiden Sie sich entweder für eine kurze Darstellung Ihrer *Leitfragen* oder für einen Überblick über die *Antworten*: Beide Ordnungsprinzipien bereiten Ihre Leser gezielt auf Ihre Argumentation vor.

mögliche Voraussetzungen nennen

Manche Arbeiten beruhen auf bestimmten **Voraussetzungen**, ohne die der Leser der Argumentation nicht folgen

20. Einleitung **153**

kann. Diese Grundlagen muss man zunächst explizieren. Dabei sollten Sie sich fragen, ob Ihre Arbeit ein Spezialwissen voraussetzt, über das ein Fachleser nicht ohne weiteres verfügt. Wenn beispielsweise eine germanistische Arbeit Verbindungen zwischen einem literarischen Text und dem Archetypenmodell C.G. Jungs untersuchen will, kann der Verfasser nicht davon ausgehen, dass jeder Fachleser dieses Modell kennt. Jungs Lehre von den Archetypen müsste daher im **Hauptteil** der Arbeit zu Beginn erläutert werden, kürzere Vorinformationen gehören dagegen bereits in die Einleitung. Diese Art der Vorstrukturierung ist nicht bei jeder Arbeit notwendig, sie ist themengebunden und hängt außerdem davon ab, wie Sie das Vorwissen Ihres Lesers einschätzen.

Zur Vorstrukturierung gehören auch Theorien und/oder Modelle, die Sie Ihrer Arbeit zugrunde legen. Sie werden in der Einleitung kurz erwähnt, allerdings erst im Hauptteil dargestellt. Empirische/naturwissenschaftliche Untersuchungen verlagern, wie wir gesehen haben, Methodenreflexion und Materialbeschreibung grundsätzlich in den Hauptteil der Arbeit.

⇒ Baustein 19

20.5 Begriffsklärung

Zu den Grundlagen einer Arbeit gehören immer auch Fachbegriffe. Wenn ihr Gebrauch strittig ist, sollte man sich zunächst über den aktuellen Stand der Begriffsdiskussion informieren, um sich sodann begründet für eine Begriffsdefinition zu entscheiden. Sie können Ihre Definition mit Hinweis auf Ihre Quelle wörtlich zitieren und sich dann durchgängig dieser Begrifflichkeit bedienen. Um einen Wechsel der Bezugssysteme auszuschließen, sollten Sie allerdings einen einmal gewählten Begriff widerspruchsfrei in der gesamten Arbeit in ein und demselben Sinne verwenden.

Fachbegriffe klären

⇒ Baustein 14

Wachsamkeit ist vor allem geboten bei Begriffen, die sowohl alltagssprachlich als auch fachsprachlich verwendet werden: Ein »klassisches« Vorurteil mag dem Laien zwar unmittelbar einleuchten, für den Philologen jedoch bleibt dieser Begriff

Vorsicht bei »gängigen« Begriffen!

einer bestimmten literaturgeschichtlichen Periode vorbehalten (»das klassische Altertum«, »die Weimarer Klassik«); »tragisch« ist für den Betroffenen gewiss der Verlust einer Geldbörse, für den Interpreten eines Dramas ist »tragisch« dagegen ein dramentheoretischer Begriff (»die tragische Fallhöhe«). Ebenso vorsichtig sollte man mit Begriffen umgehen, die gerade in der eigenen Wissenschaft Konjunktur haben; wenn man sie verwendet, sollte man sich über ihre Bedeutung genau im klaren sein: So ist nicht jedes Gespräch ein »Diskurs«, nicht jeder schwierige Text »hermetisch«, nicht jedes Kunstwerk der 1990er Jahre »postmodern«.

20.6 Ergebnisse

Ergebnisse formulieren

Leitfragen zu skizzieren, so haben wir gesehen, ist eine der Aufgaben der Einleitung; aber sollen hier auch schon Antworten gegeben werden? Zwei Wege öffnen sich dem Autor einer wissenschaftlichen Arbeit: Entweder er deutet lediglich die Richtung an, aus der die Antwort zu erwarten ist oder er skizziert bereits konkrete Ergebnisse. Für welche Variante Sie sich entscheiden, hängt von Ihrer Argumentation ab. Sind Sie sich ziemlich sicher, dass die Argumentation klar gegliedert und nachvollziehbar ist, können Sie sich für die »Krimi-Variante« entscheiden, die zunächst die Lösung noch geheim hält. Sicherer ist es jedoch allemal, die Ergebnisse schon in der Einleitung zu nennen, damit der Leser das Ziel Ihrer Argumentation kennt. Wenn ihm zusätzlich noch der Ablauf der Untersuchung angekündigt wird, ist er stets gut orientiert. Sie sollten die Ergebnisse allerdings nicht ausführlich darstellen. Es geht lediglich um eine knap-

⇒ Baustein 19   pe Vorschau.

Nehmen wir als Beispiel die Arbeit zum Thema »Schlüsselqualifikationen in der Dienstleistungsgesellschaft«: *Die Arbeit versucht, den Zusammenhang von Dienstleistungsarbeit, Dienstleistungsgesellschaft und dem Konzept der Schlüsselqualifikationen (SQ) zu erfassen. Im Wandel der Industrie- zur Dienstleistungsgesellschaft kommt den SQ eine tragende Rolle zu. Es wird sich allerdings zeigen, dass das*

Konzept der SQ zwar einerseits konsensfähig und stimulierend ist, andererseits aber inhaltlich vage bleibt.

Wie ausführlich Sie auf die einzelnen Aspekte der Einleitung eingehen, hängt vom Anforderungsniveau der Arbeit ab: Eine Arbeit von weniger als zwanzig Seiten braucht keine Skizze der Argumentation, denn ihre Struktur ist leicht zu überblicken. In längeren Arbeiten hingegen empfiehlt es sich, den Leser durch die Argumentation zu führen, indem man ihm Orientierungshilfen an die Hand gibt. Je nachdem, welche Aufgaben die Einleitung erfüllen soll, wird sie auch unterschiedlich lang ausfallen. Als Faustregel kann man davon ausgehen, dass eine Einleitung bis zu 10% der gesamten Arbeit ausmachen *kann.*

Die Einleitung nimmt, wie Sie gesehen haben, diverse Aufgaben wahr, die sich nur schwer unter einer Überschrift zusammenfassen lassen; deshalb entscheidet man sich häufig für die nicht sehr einfallsreiche Benennung »Einleitung«. Informativer ist eine inhaltliche Akzentuierung oder, bei längeren Arbeiten, eine Unterteilung des Einleitungskapitels in aussagekräftige Abschnitte. So gibt eine Studie über »Musikpoetologische Ansätze in Ingeborg Bachmanns Roman *Malina*« dem Einleitungskapitel den Titel »Bachmanns Utopie einer neuen Sprache: Der komponierte Roman *Malina*.« Eine Arbeit über »Die britische Nordirlandpolitik 1968-1974« führt unter der Überschrift »Einleitung« drei Unterpunkte an:

Überschrift für die Einleitung?

1.1 Methodischer Ansatz, Literatur- und Quellenkritik
1.2 Begriffsdefinitionen
1.3 Entstehung und Geschichte Nordirlands bis zum Ausbruch der »Troubles«.

21. Schluss

Der Schlussteil einer wissenschaftlichen Arbeit ist viel variabler als die Einleitung, denn es gibt kaum verbindliche Re-

156 Kapitel 6 Rohfassung

Ergebnisse knapp zusammenfassen

geln. Erwartet wird im Schluss lediglich eine Zusammenfassung der Ergebnisse. Diese Zusammenfassung darf aber auf keinen Fall die ganze Arbeit noch einmal im »Bonsai-Format« rekapitulieren, sondern soll wirklich nur so knapp wie möglich **Ergebnisse** formulieren. Andererseits sollen im Schlussteil auch keine neuen Fakten ausgebreitet oder Folgerungen gezogen werden, die zur Beantwortung der zentralen Frage der Arbeit gehören. Vom Umfang her *kann* der Schlussteil bis zu 5% der Arbeit umfassen.

Überschrift für den Schluss?

Obwohl der Schluss im Wesentlichen die Ergebnisse rekapituliert, lassen sich durchaus informativere Überschriften als »Schluss« oder »Fazit« für diesen Teil der Arbeit finden. So schließt die genannte Arbeit über »»Musikpoetologische Ansätze in Ingeborg Bachmanns Roman *Malina*« mit dem Kapitel »Bis zu den Grenzen des Sagbaren: Die Musik im Roman *Malina*«. Eine Studie über »Großwohnsiedlungen in Berlin-West und Berlin-Ost« stellt das Schlusskapitel unter die Frage: »Perspektiven einer neuen Städtebaupolitik?«

möglicher Ausblick auf weiterführende Fragestellungen

Sinnvoll ist zusätzlich ein Ausblick, der andeutet, welche weiterführenden Fragen die gewonnen Erkenntnisse aufwerfen. Es ist dabei vollkommen klar, dass die Lösung dieser weiterführenden Fragen nicht Aufgabe der eigenen Arbeit sein kann. Eine Studie über »Armut in deutschen Großstädten« kommt z.B. zu der Einsicht, dass es nicht nur Armut mitten *im* Wohlstand gibt, sondern geradezu Armut *durch* Wohlstand. Es würde sich durchaus lohnen, in einer weiterführenden Arbeit dieser These auch im internationalen Kontext nachzugehen.

Einleitung und Schluss aufeinander beziehen

Um Einleitung und Schluss aufeinander hin zu komponieren, kann man z.B. in der Einleitung aufzeigen, welcher Nutzen von der Lösung des anstehenden Problems zu erwarten ist. Im Schlussteil lassen sich dann konkrete Möglichkeiten der Anwendung skizzieren. Wenn wir etwa das Thema »Die britische Nordirlandpolitik 1968-1974« bearbeiten, können wir in der Einleitung deutlich machen, dass eine Analyse der Fehler in der britischen Nordirlandpolitik dazu beitragen kann, die Krise von einer historischen Warte aus zu analysieren. Im

22. Literaturangaben und Anhang **157**

Schlussteil wird dann darauf hingewiesen, dass man auch nach der Jahrtausendwende offensichtlich noch versucht, neue Konstellationen teilweise mit alten Strategien zu bewältigen, die sich bereits früher als untauglich erwiesen haben.

Jede Arbeit gewinnt an Geschlossenheit, wenn man im Schlussteil auf Argumente der Einleitung zurückgreift. So kann man von mehreren Argumenten *ein* Argument für den Schlussteil reservieren. Wenn wir uns mit dem Thema »Agrarwirtschaftlicher Strukturwandel in Südfrankreich« befassen, können unsere Ergebnisse dazu beitragen, agrarische Entwicklungsprobleme zu erkennen. Hieraus lassen sich dann Modelle entwickeln, um etwa in anderen EU Staaten Umwege und Sackgassen zu vermeiden. Diese Perspektive eröffnen wir bereits in der Einleitung. Im Schlussteil können wir dann darauf hinweisen, dass die Strategien, die sich bewährt haben, im Hinblick auf die gesamteuropäische Entwicklung neu zu überdenken sind. Dabei können die erarbeiteten Kriterien Hilfestellung leisten.

Es ist auch möglich, in der Einleitung die Relevanz der Fragestellung anklingen zu lassen und im Schlussteil Folgerungen aus den gewonnen Erkenntnissen zu ziehen. Wenn wir etwa die Funktion der Meinungs- und Wahlforschungsinstitute in Deutschland untersuchen, skizzieren wir in der Einleitung ihre gesamtgesellschaftliche Bedeutung. Im Schlussteil können wir dann im Hinblick auf die Gefahr der Manipulation und Instrumentalisierung die zentrale Rolle kritischer Medien akzentuieren.

Man kann die Arbeit auch mit einem Zitat aus der Forschungsliteratur abrunden, um das Fazit noch einmal prägnant zu unterstreichen. Ebenso kann ein sprechendes Zitat der untersuchten Quelle oder des analysierten Textes die Arbeit beschließen.

Zitat als Schlussakzent

22. Literaturangaben und Anhang

Da in jeder wissenschaftlichen Disziplin eigene Regeln für die Gestaltung der Literaturangaben gelten, möchte ich Ihnen hier nur einige Hinweise geben.

Formalien

♦ Erkundigen Sie sich im Dekanat oder Institut Ihrer Universität, welche formalen Vorgaben Sie einhalten müssen.
♦ Führen Sie sämtliche Literatur auf, die Sie in Ihrer Arbeit zitiert oder verarbeitet haben. In den einzelnen Fächern gibt es unterschiedliche Vorgaben: Manche Schreiber listen nur die zitierte Literatur auf, andere nehmen alle Titel auf, die sie zur Kenntnis genommen haben.
♦ Wenn Sie viele Quellen und/oder viel Sekundärliteratur verwendet haben, unterteilen Sie das Literaturverzeichnis in »Quellen« oder »Primärtexte« und »Forschungsliteratur« oder »Sekundärliteratur«.
♦ Für welche Art Literaturnachweis Sie sich auch immer entscheiden, am wichtigsten ist es, dass Sie durchgängig bei der einmal gewählten Variante bleiben.

Literaturangaben im Text

Wenn Sie ein Buch oder einen Aufsatz zum ersten Mal nennen, haben Sie zwei Möglichkeiten:

Literaturnachweise im Fließtext

1. Kurzbeleg in der Anmerkung: Nachname, Titel in Kurzform, Seite (*Vater: Textlinguistik, S. 9*). Im Literaturverzeichnis findet der Leser dann die vollständigen Angaben. In den meisten Disziplinen werden in den Anmerkungen generell nur Kurzbelege angeführt.
2. Kurzbeleg in Klammern: Sie fügen Autor, Erscheinungsdatum und Seitenangabe in Klammern in den laufenden Text ein (*Vater, 2001, 9*). Zitieren Sie mehrere Werke desselben Autors aus demselben Jahr, so differenzieren

Sie die Publikationen nach a, b usw., also z.B. *Vater 2001 a, Vater 2001 b.*

3. Vollbeleg: In einer Anmerkung (Fußnote) zitieren Sie die benutzte Literatur bei der ersten Nennung vollständig. Ab der zweiten Erwähnung wählen Sie den Kurzbeleg: Diese Zitierweise finden Sie vorwiegend in älteren Arbeiten. Die früher üblichen Verweise »ebenda« oder »a.a.O.« (am angegebenen Ort) sind heute nicht mehr üblich.

Grundsätzlich sollten Sie nicht aus zweiter Hand zitieren. Nur wenn Sie den Originaltext nicht einsehen können, kennzeichnen Sie das Zitat mit dem Zusatz »zit. nach« (zitiert nach). Ein Zitat aus einem Buch von Reibeisen, das Sie bei Sandbrek gefunden haben, zitieren Sie als » Reibeisen, Ludger: Die Vorteile moderner Sandstrahltechnik. München 2004, S.12, zit. nach: Sandbrek: Restauration, S.27. Im Literaturverzeichnis erscheint dann das Buch von Sandbrek mit den vollständigen bibliographischen Angaben.

Literaturverzeichnis

Im Folgenden führen wir die häufigsten bibliographischen Varianten auf. Abweichungen sind in einzelnen Disziplinen möglich:

Literatur exakt und vollständig nachweisen

1. Selbstständige Publikation:
   Vater, Heinz: Einführung in die Textlinguistik. Struktur und Verstehen von Texten. 3. Aufl., München 2001.
oder:
   Toulmin, Stephan. 1996. Der Gebrauch von Argumenten. Weinheim.

Vornamen können auch abgekürzt werden; der Verlag kann zusätzlich vor oder nach dem Erscheinungsort genannt werden.

2. Aufsätze in Sammelbänden:
   Antos, Gerd, 1989. Textproduktion. Ein einführender Überblick. In: Gerd Antos / Hans P. Krings (Hrg.), 1989.

Textproduktion. Ein interdisziplinärer Forschungsüberblick. Tübingen, 5-57.

oder:

Baumann, Klaus-Dieter: Kulturspezifische Determinanten des fachbezogenen Schreibprozesses. In: Otto Kruse, Gabriela Ruhmann, Eva-Maria Jakobs (Hrsg.): Schlüsselkompetenz Schreiben. Konzepte, Methoden, Projekte für Schreibberatung und Schreibdidaktik an der Hochschule. Neuwied: Luchterhand, 1999, S. 269-284.

3. Aufsätze in Zeitschriften:
   Spinner, Kaspar H.: Kreatives Schreiben. In: Praxis Deutsch 20, H 119 (1993), S. 17-23.
oder:
   Dalsky, G P. (1989): The role of exercise in the prevention of osteoporosis. In: Compr. Therapy 15, 30-37.
Bekannte Zeitschriften können Sie abkürzen. Zitieren Sie zahlreiche Zeitschriften, fügen Sie Ihrer Arbeit ein Abkürzungsverzeichnis der Zeitschriften bei.

4. Internetquellen:
   Franke, Herbert W.: Höhlen auf dem Mars. In: Naturwissenschaftliche Rundschau, 1998, <http://www.zi.biologie.uni-muenchen.de/~franke> (14.11.2006)
Das Datum in Klammern gibt an, wann Sie die Information abgerufen haben. Wenn Sie eine Internetquelle zitieren, die nicht auch gedruckt vorliegt, geben Sie nach dem Titel zusätzlich in Klammern das Datum an, an dem der Text ins Netz gestellt wurde.

5. Selbstgeführte Interviews etc.:
Gesprächspartner, Arbeitstitel, Ort, Art des Gesprächs (Redebeitrag, Interviewbeitrag, persönliche Mitteilung, etc.), Datum. Bei Zitaten aus Emails: Name, Vorname, Datum, Betreff, evtl. Seite, Emailadresse.

Anhang

Machen Sie den Anhang Ihrer Arbeit durch ein eigenes, evtl. farbiges Deckblatt kenntlich.. Entscheiden Sie sich nur dann für einen Anhang, wenn Sie umfangreiches Material präsentieren, das den Textfluss stören würde: Statistiken, empirische Daten, Bezugsquellenverzeichnis, Interviews, Tabellen, umfangreiche Abbildungen. Führen Sie jede Kategorie unter einer eigenen Überschrift auf, also z.B.: 1. Tabellen; 2. Bezugsquellenverzeichnis.

umfangreiches Material im Anhang

Manche Autoren setzen das Abkürzungsverzeichnis und das Verzeichnis der Abbildungen/Tabellen ihrem Text voran. Erkundigen Sie sich, was in Ihrer Disziplin üblich ist und entscheiden Sie sich im Zweifelsfall für die bessere Lesbarkeit.

Wenn Sie längere Interviews wiedergeben, können Sie statt einer Transskription der Gespräche auch eine CD mit allen Interviews beilegen. Allerdings müssen die Interviewpartner dazu ihr Einverständnis geben und die Interviews müssen sich in einzelnen Tracks ansteuern lassen.

Rückblick

Mit Hilfe einer Kritzelzeichnung entwerfen Sie den roten Faden Ihrer Arbeit. Ein Textskelett bereitet anschließend die Textproduktion vor. Leitfragen, Überleitungen, Zusammenfassungen, Kapitelüberschriften, Zwischentitel, Absatzgliederungen, Abbildungen und Beispiele unterstützen die Argumentation. Durch Leserfragen testen Sie nachträglich die Festigkeit des roten Fadens. Die Einleitung einer wissenschaftlichen Arbeit informiert über den Standort des Autors/der Autorin, beschreibt das methodische Vorgehen, klärt Fachbegriffe und deutet mögliche Lösungen an.

Im Schlussteil der Arbeit werden die Ergebnisse knapp zusammengefasst. Darüber hinaus kann man weiterführende Problemstellungen skizzieren und so Einleitung und Schluss aufeinander beziehen.

Das Literaturverzeichnis kann nach unterschiedlichen Ordnungsprinzipien gestaltet werden: Achten Sie jedoch unbedingt auf Einheitlichkeit und Vollständigkeit. Umfangreiches Belegmaterial fügen Sie Ihrer Arbeit in einem systematisch geordneten Anhang bei.

Kapitel 7
Leserbezogen schreiben

Leserbezogen schreiben

23. Kognitive Struktur
- Konzepte einführen
- logische Strukturen in Sprache übersetzen
- Ergebnisse wirkungsvoll verankern

24. Sprachliche Prägnanz
- eindeutige Sätze
- Konzentration auf das Wesentliche
- überschaubare Sätze
- treffender Ausdruck

25. Giftschrank!
- vage Ausdrücke und Modewörter streichen
- umständliche Sätze und Stereotype umformulieren

26. Tipps für die Praxis
- aktiv lesen!
- verschiedene Textformen ausprobieren
- Texte verbessern

23. Kognitive Struktur

Um leserbezogen schreiben zu lernen, machen wir uns zunächst bewusst, dass die Aufgabe eines wissenschaftlichen Textes der Transfer von Wissen ist. Der Autor überführt sein Wissen in einen Text, in dem die Gleichzeitigkeit der Konzepte in das Nacheinander sprachlicher Darstellung transformiert wird. Im Verstehensprozess rekonstruiert der Leser aus der linearen Kette der Argumente und Konzepte wiederum eine Wissensstruktur, die der des Autors ähnlich ist.

Wie funktionieren Texte?

Kapitel 7: Leserbezogen schreiben

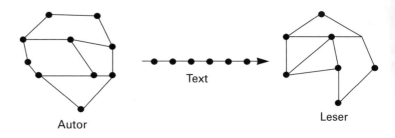

Autor — Text — Leser

Dieser Prozess der Enkodierung und Dekodierung lässt sich als Kommunikationsprozess beschreiben. Der Autor setzt dabei bestimmte Strategien ein, um beim Leser die Voraussetzungen für die adäquate Aufnahme des Textes zu schaffen. Oft wird in wissenschaftlichen Texten allerdings der Eindruck erweckt, Wissen könne ohne eine Vermittlungsinstanz und ohne Adressatenbezug übermittelt werden, obwohl jeder wissenschaftliche Text verdeckt kommunikative Strategien einsetzt:

Wissen – Text – Leser
|
Argumentation
gedankliche Gliederung   sprachliche Prägnanz

In der Schritt für Schritt entwickelten Argumentation vermittelt der Autor dem Leser sein Wissen: deshalb muss diese Argumentation gedanklich klar gegliedert und sprachlich prägnant formuliert sein. Erkenntnisse der Textverständlichkeitsforschung helfen uns, bestimmte Textstrategien auch theoretisch zu fundieren.

Was macht Texte verständlich? Neuere Forschungen haben gezeigt, dass die Verständlichkeit eines Textes nicht so sehr von Oberflächenmerkmalen wie Wortlänge und Satzstruktur abhängt, sondern vor allem von der kognitiven Strukturierung, das bedeutet: von der gedanklichen Klarheit. Deshalb müssen wissenschaftlich Schreibende zunächst den Kontakt mit dem Leser herstellen, ihn durch den Text führen und sein Verständnis durch Orientierungshilfen ausdrücklich fördern. Dies geschieht durch drei Strategien, die einander ergänzen:

- Konzepte leserbezogen einführen
- Argumentationszusammenhänge verdeutlichen
- Ergebnisse im Gedächtnis des Lesers verankern.

Wenn man Denkschritte in Sprachschritte umsetzen will, sollte man einige grundlegende Regeln befolgen, die das Verständnis fördern. Wir befassen uns deshalb zunächst mit Strategien, die für die gedankliche Klarheit des Textes sorgen.

23.1 Konzepte einführen

Die erste Kontaktnahme mit dem Leser erfolgt in der Regel in der Einleitung. Hier erfährt er, welche zentrale Frage die Studie beantworten wird und welche Unterfragen die Autorin gestellt hat. Jedoch kann die Einleitung nicht alle Vorinformationen liefern, die möglicherweise zum Verständnis der Argumentation nötig sind. Deshalb empfiehlt es sich, immer dann, wenn völlig neue Konzepte eingeführt werden, zunächst eine »Vorstrukturierung« einzuschieben.

⇒ Baustein 20

Diese Vorstrukturierung macht den Leser mit den notwendigen Konzepten bekannt. Nur so kann er die folgenden Interpretationsangebote nachvollziehen. Beim Schreiben der Rohfassung sollten Schreibende deshalb prüfen, ob ihre Studie auf theoretische Konzepte zurückgreift, die für ihre Leser erklärungsbedürftig sind. Auch spezifische Hintergrundinformationen, die wichtige Voraussetzungen für das Verständnis der Argumentation schaffen, werden als Vorstrukturierungen der Untersuchung vorangestellt. Sind diese Vorinformationen nur knapp, können sie in die Einleitung integriert werden; sind sie ausführlicher, bilden sie in der Untersuchung den ersten Teil des Hauptteils.

Vorstrukturieren

Hintergrundinformationen voranstellen

Nachdem der Autor den Leser durch eventuelle Vorstrukturierungen vorbereitet hat, entwickelt er seine Argumentation. Dabei muss er folgende Kriterien beachten:
- Vollständigkeit
- Folgerichtigkeit
- Widerspruchsfreiheit.

23.2 Zusammen darstellen, was sachlich zusammengehört

In wissenschaftlichen Arbeiten finden sich logisch zusammengehörige Argumente nicht selten über den Text verstreut. Dies erschwert die Orientierung und kann zu Fehlschlüssen führen. Deshalb ist es wichtig, sachlich zusammengehörige Argumente auch innerhalb ein und desselben Argumentationsstrangs zusammen darzustellen. Zugleich muss man aber klar trennen, was logisch nicht zusammengehört.

Betrachten wir als Beispiel einen kurzen Text zum Thema »Schwerpunkte der Märchenforschung«:

Märchen sind phantastisch wunderbare Erzählungen, in denen die Naturgesetze weitgehend aufgehoben sind. Die literaturwissenschaftliche Märchenforschung hat eine genaue Struktur- und Phänomenbeschreibung dieser Textart versucht. Außerwirkliche Gestalten, Zauber und Verwandlung sind bestimmende Elemente der Handlung. Die psychologische Märchenforschung versteht Märchen als Darstellung seelischer Reifungsprozesse. Man unterscheidet zwischen Volksmärchen und Kunstmärchen. Die soziologische Märchenforschung versucht, Märchen zu den gesellschaftlichen Strukturen der mutmaßlichen Entstehungszeit in Beziehung zu setzen. Das Volksmärchen stammt aus mündlicher Überlieferung, Kunstmärchen sind Werke einzelner Autoren.

Ganz offensichtlich sind in diesem Text die Aussagen durcheinander geraten, obwohl alle Informationen durchaus brauchbar sind. Sie zu ordnen, ist der erste Schritt auf dem Weg zu einer strukturierten Argumentation. Bevor man ein Kapitel beginnt, sollte man deshalb folgende Fragen beantworten:

♦ Was muss in diesem Kapitel vorkommen?
♦ In welcher Reihenfolge werde ich die Informationen präsentieren?

Anschließend skizzieren wir einen »Fahrplan« für unseren Text: Wir schreiben einfache kurze Sätze untereinander und überprüfen anhand dieser Liste die logische Abfolge der Argumente und Informationen.

ÜBUNG

Versuchen Sie, für den »Märchentext« einen solchen »Fahrplan« zu skizzieren, indem Sie die 7 Sätze in eine logische Reihenfolge bringen. Decken Sie aber bitte zuvor die folgende Lösung ab!

Für unser Beispiel könnte die Liste folgendermaßen aussehen:

1. *Märchen sind phantastisch wunderbare Erzählungen, in denen die Naturgesetze weitgehend aufgehoben sind.*
2. *Man unterscheidet zwischen Volksmärchen und Kunstmärchen.*
3. *Das Volksmärchen stammt aus mündlicher Überlieferung, Kunstmärchen sind Werke einzelner Autoren.*
4. *Die literaturwissenschaftliche Märchenforschung hat eine genaue Struktur- und Phänomenbeschreibung dieser Textart versucht.*
5. *Außerwirkliche Gestalten, Zauber und Verwandlung sind bestimmende Elemente der Handlung.*
6. *Die psychologische Märchenforschung versteht Märchen als Darstellung seelischer Reifungsprozesse.*
7. *Die soziologische Märchenforschung versucht, Märchen zu den gesellschaftlichen Strukturen der mutmaßlichen Entstehungszeit in Beziehung zu setzen.*

Anhand dieser Liste könnten wir die Einleitung einer Arbeit über »Schwerpunkte der Märchenforschung« gliedern.

Sie können einen solchen Fahrplan auch für Klausuren einsetzen, um den roten Faden Ihrer Arbeit klar zu erkennen.

23.3 Sachlogik in Sprachlogik überführen

Oft sind Texte nur deshalb schwer verständlich, weil die logischen Bezüge nicht verdeutlicht werden. Nehmen wir als Beispiel ein heilpädagogisches Thema: »Die Integration hörgeschädigter Kinder in die Regelschule«:

logische Bezüge deutlich machen

170 Kapitel 7: Leserbezogen schreiben

Es gibt Fälle, in denen die Schulen die Kinder nicht als »behindert« bezeichnen und diesen Aspekt nicht berücksichtigen. Den Kindern steht kein Stützlehrer mehr zu und die Schule muss ihren Anforderungen gerecht werden.

Die Autorin will auf zwei Widersprüche aufmerksam machen, die kausal miteinander verbunden sind. Wir listen zunächst die logischen Schritte der Argumentation nacheinander auf:

1. Kinder werden trotz ihrer Behinderung nicht als behindert bezeichnet.
2. Folglich werden sie auch praktisch nicht als behindert eingeschätzt.
3. Deshalb steht den Kindern kein Stützlehrer mehr helfend zur Seite.
4. Für die Schule bedeutet das zusätzliche Probleme und Mehraufwand.
5. Dennoch muss die Schule in dieser schwierigen Situation ihrem Auftrag gerecht werden.

Anschließend verstärken wir die logische Struktur. Wir fassen die Sätze 1-3 zusammen: Dabei präzisieren wir den ersten Widerspruch durch ein Adjektiv (»betroffenen«), komprimieren zwei Feststellungen in einer (»nicht als behindert bezeichnen und diesen Aspekt nicht berücksichtigen« = »nicht als behindert einstufen«), machen den logischen Zusammenhang explizit (»deshalb«), benennen die Konsequenzen (»in dieser schwierigen Situation«) und weisen auf den zweiten Widerspruch hin (»dennoch«):

Es gibt Fälle, in denen die betroffenen Kinder nicht als »behindert« eingestuft werden und ihnen deshalb kein Stützlehrer mehr zusteht. Dennoch muss die Schule in dieser schwierigen Situation ihrem Bildungsauftrag gerecht werden.

sprachliche Mittel, die logische Bezüge ausdrücken

Es gibt also verschiedene sprachliche Mittel, um logische Strukturen sichtbar zu machen:

♦ Konjunktionen wie: *weil, obwohl, während*
♦ Adverbien und adverbiale Ausdrücke: *trotzdem, dagegen, im Gegensatz zu, deshalb, dennoch*
♦ Rückgriff auf zentrale Wörter im vorangehenden Satz

23. Kognitive Struktur **171**

♦ vorausdeutende oder rückverweisende Verbindungswörter: *zwar, damit, hier, wirklich, folgende.*

ÜBUNG

Betrachten wir einen kurzen Textabschnitt, in dem die Sätze durcheinander geraten sind:

»Stil« ist im sprachwissenschaftlichen Sinne »gestaltete Sprache«, und hier setzt unsere Überlegung an. Gibt es eine untere Grenze, wo Gestaltung, wo mithin auch Stil aufhört? Aber hier ist Misstrauen angebracht. Ist damit nicht vielmehr ein unausgeglichener, den akzeptierten Normen nicht angepasster Stil gemeint? Zwar kennt das Deutsche scheinbar einen Gegenbegriff zu »Stil«, nämlich »Stillosigkeit«. Bedeutet »Stillosigkeit« wirklich »Abwesenheit« von »Stil«?

Versuchen Sie, ähnlich wie beim Märchentext, eine sinnvolle Reihenfolge herzustellen. Diesmal werden Sie in jedem Satz *ein* Merkmal finden, das Ihnen sagt, warum der Satz gerade an dieser und keiner anderen Stelle im Text seinen Platz hat. Nummerieren Sie die Sätze durch und notieren Sie die richtige Reihenfolge. – Es dürfen aber, wie in einem Puzzle, keine Teile übrigbleiben! – Erst dann lesen Sie den folgenden korrigierten Text, in dem jeweils die Merkmale hervorgehoben sind, die uns die logischen Strukturen verdeutlichen.

---

*»Stil« ist im sprachwissenschaftlichen Sinne **gestaltete Sprache«**, und hier setzt unsere Überlegung an. Gibt es eine untere Grenze, wo **Gestaltung**, wo mithin auch **Stil** aufhört? **Zwar** kennt das Deutsche scheinbar einen Gegenbegriff zu »Stil«, nämlich »Stillosigkeit«. **Aber hier** ist Misstrauen angebracht. Bedeutet »Stillosigkeit« **wirklich** »Abwesenheit« von »Stil«? Ist **damit** nicht **vielmehr** ein unausgeglichener, den akzeptierten Normen nicht angepasster Stil gemeint?*

23.4 Logische Zwischenschritte erklären

Oftmals lässt sich eine Argumentation schwer nachvollziehen, weil logische Zwischenschritte fehlen. Den Schreibenden sind diese Zwischenschritte meistens so selbstverständlich, dass sie nicht darauf achten, sie zu erläutern.

gedankliche Zwischenschritte erläutern

Kehren wir zu dem vorgestellten heilpädagogischen Thema zurück:

Für hörgeschädigte Kinder kann der häufige Wechsel der Lehrer in der Regelschule zu einer Belastung werden. Das Kind wird verwirrt, während es in einer Sonderschule eine organisierte Form erfährt.

Hier fehlt die wichtige Information, dass in der Sonderschule *ein* Lehrer das Kind über längere Zeit begleitet. Wir fügen diese Information ein, indem wir auf den Unterschied zwischen Regelschule und Sonderschule hinweisen:

Für hörgeschädigte Kinder kann der häufige Wechsel der Lehrer in der Regelschule zu einer Belastung werden. Anders als in der Sonderschule mit ihren festen Bezugspersonen wird das Kind hier eher verwirrt.

23.5 Komprimieren

Unsere Argumentation wird klarer, wenn wir sie auf die entscheidenden Aussagen reduzieren. Von Ballast befreit wird die logische Struktur eher sichtbar.

ÜBUNG

Schauen wir uns die Einleitung einer Arbeit über Grillparzers Drama »Ein Bruderzwist in Habsburg« an:

Grillparzer vollendete sein Drama »Ein Bruderzwist in Habsburg« Anfang 1848. Dieses Datum der Vollendung, obwohl immer erwähnt bei Veröffentlichungen, hat in diesem Werk eine ganz besondere Bedeutung. Der historische Hintergrund des Werkes selber, als auch der historische Hintergrund der Lebenszeit des Autors, und somit auch der Entstehungszeit des Werkes, wird von vielen Kritikern als essentiell eingestuft. Diese Kritiker scheinen sich von der Faszination der Aussagekraft des Werkes über die politischen Ansichten Grillparzers nicht befreien zu können.

Straffen Sie die Argumentation, indem Sie den Text dieser Einleitung auf wenige notwendige Aussagen reduzieren.

Wenn wir Wiederholungen tilgen und selbstverständliche Aussagen weglassen, wird der Text knapper und klarer:

Grillparzer vollendete sein Drama »Ein Bruderzwist in Habsburg« Anfang 1848. Das Entstehungsdatum und der historische Hintergrund des Werkes führen manche Kritiker dazu, in diesem Drama Grillparzers politische Ansichten gespiegelt zu sehen.

Trennen Sie also zunächst Wichtiges von Unwichtigem. Formulieren Sie anschließend für jeden Abschnitt *einen* zentralen Satz. Worum soll es in diesem Abschnitt gehen? Danach bauen Sie Ihren Text um diesen zentralen Satz herum auf.

Mach's Maul auf! Tritt fest auf! Hör' bald auf!
Martin Luther, Reformator 1483-1546

⇒ Baustein 19

23.6 Ergebnisse verankern

Um die Argumentation zu konsolidieren, sollten Sie Ihre Ergebnisse im Gedächtnis des Lesers zusätzlich verankern. Dafür stehen verschiedene Techniken zur Verfügung: Zusammenfassungen am Ende jedes Kapitels, Schlusszusammenfassung, Überleitungen, graphische Akzentuierungen, Beispiele und Leitbegriffe. Gefestigt wird die Argumentation auch, wenn die Fragen der Einleitung und die Antworten der Schlusszusammenfassung korrespondieren. Am besten bitten Sie einen Testleser, die Argumentation gezielt zu prüfen und dabei auf folgende Merkmale zu achten: Vollständigkeit, Folgerichtigkeit und Widerspruchsfreiheit.

Wie lassen sich unserer Ergebnisse im Gedächtnis des Lesers verankern?

⇒ Baustein 19

⇒ Baustein 21

24. Sprachliche Prägnanz

Neben der kognitiven Strukturierung ist, wie wir gesehen haben, die sprachliche Präzision entscheidend für die Verständlichkeit eines Textes. Sprachliche Prägnanz erreicht man durch:

◆ Genauigkeit
◆ Eindeutigkeit
◆ Knappheit.

Schreibe kurz – und sie werden es lesen. Schreibe klar – und sie werden es verstehen. Schreibe bildhaft – und sie werden es im Gedächtnis behalten.
Joseph Pulitzer, amerik. Journalist 1847-1911

174 Kapitel 7: Leserbezogen schreiben

Ich möchte Sie im Folgenden speziell mit denjenigen Regeln vertraut machen, die im *wissenschaftlichen* Schreiben die sprachliche Prägnanz erhöhen.

24.1 Eindeutige Satzbezüge

In jedem Satzgefüge müssen die Bezüge richtig und eindeutig sein.

Sätze einander eindeutig zuordnen

Eine Veränderung der Parameter, deren Bedeutung noch zu erforschen ist, führt zu steigenden Transaktionskosten.

Dieser Satz lässt mehrere Interpretationen offen: Wird sich die Arbeit mit der Bedeutung der Parameter befassen oder mit ihrer Veränderung?

Während die Bezüge in diesem Satz lediglich missverstanden werden können, sind sie im folgenden Satz schlichtweg falsch; an ein Forschungszitat anschließend führt die Autorin aus:

Sich dieser Sichtweise anschließend, sind die Parallelen zum drei Jahre zuvor entworfenen Modell offensichtlich.

Der Partizipialsatz »*sich dieser Sichtweise anschließend*« bezieht sich grammatisch auf das Subjekt »Parallelen«, eigentlich ist aber der Forscher gemeint, der sich dieser Sichtweise anschließt und die genannten Parallelen entdeckt.

24.2 Die Hauptsache im Hauptsatz

Viele Texte schmücken sich mit unnötigen Hauptsätzen, die kaum Informationen enthalten, während die wichtigen Aussagen in Nebensätzen verschwinden:

Unternehmenskonzentration ist ein Begriff, der die Zusammenballung von Produktionskapazitäten kennzeichnet.

Wichtig ist hier nicht, dass »Unternehmenskonzentration« ein Begriff ist, sondern wichtig ist die Bedeutung dieses Begriffs. Wir lassen deshalb den inhaltsarmen Hauptsatz weg und formulieren genauer:

wichtige Informationen möglichst in Hauptsätzen platzieren

»Unternehmenskonzentration« bedeutet die Zusammenballung von Produktionskapazitäten.

24. Sprachliche Prägnanz **175**

ÜBUNG

Das folgende Satzgefüge ist nicht nur um einen inhaltsleeren Hauptsatz herum gruppiert, sondern wirkt durch seine mehrfach verschachtelten Nebensätze auch völlig unübersichtlich:

Am Beispiel dieser Novelle, die, wie Christoph Hein sagt, mit einem durchgängigen Unterton geschrieben ist, was bedeutet, dass die Protagonistin in ihren Äußerungen, dass es ihr gut gehe, genau das Gegenteil meint, kann man festmachen, dass es Hein gelingt, ohne Kommentare seinerseits oder eine spezifisch ausgedrückte Botschaft die Vereinsamung und Entfremdung der Menschen im modernen Industriezeitalter zu erzählen und damit heftige Reaktionen für und wider das Erzählte hervorgerufen hat.

Ganz offenbar hat die Autorin hier selber den Überblick über ihre Konstruktion verloren; die Verbform am Satzende hat keinen sinnvollen Bezug mehr zum vorhergehenden Satz. Um dieses Satzgefüge zu entwirren, streichen wir zunächst den wenig informativen Hauptsatz *»Am Beispiel dieser Novelle kann man festmachen«.*
Versuchen Sie nun, diesen Abschnitt auf seine wichtigste Aussage zu reduzieren und einen lesbaren, übersichtlichen Text herzustellen. Vergleichen Sie Ihre Lösung anschließend mit dem folgenden Vorschlag.

Um zu einer brauchbaren Lösung zu kommen, können wir uns zunächst fragen: Was ist die wichtigste Aussage? Ganz offenbar die indirekte Erzählweise des Autors, durch die er seine Botschaft transportiert und heftige Reaktionen provoziert. Wir zerschneiden das Satzungetüm und bilden stattdessen drei selbstständige Hauptsätze:

Christoph Heins Novelle ist mit einem, wie der Autor sagt, »durchgängigen Unterton« geschrieben: Die Versicherungen der Protagonistin, es gehe ihr gut, lassen sich gegen den Strich als indirekte Klage lesen. Ohne Kommentare oder ausdrückliche Botschaften erzählt der Schriftsteller so von der Vereinsamung und Entfremdung der Menschen im modernen Industriezeitalter und ruft damit heftige Reaktionen für und wider das Erzählte hervor.

Misstrauen ist immer angesagt, wenn im Hauptsatz *wiederholt* nur Nebensächliches steht: »Hier liegt es nahe ...«, »es

inhaltsarme Hauptsätze streichen

ist offensichtlich, dass ...«. Dies sind nur zwei Beispiele für überflüssige und beinahe inhaltsleere Hauptsätze.

Um das Gleichgewicht von Sätzen wiederherzustellen und die Aufmerksamkeit des Lesers auf die Hauptsache zu lenken, gibt es mehrere Möglichkeiten:

♦ Sagen Sie das Wichtigste im Hauptsatz. Sie können dabei auch zwei Hauptsätze durch Doppelpunkt verbinden.

♦ Ersetzen Sie den Einleitungssatz durch ein Adverb: Statt »es ist offensichtlich, dass ...« schreiben Sie »offensichtlich ...«, statt »hieraus folgt ..., dass ...« schreiben Sie »folglich ...«.

24.3 Überschaubare Sätze

In wissenschaftlichen Texten kommt man nicht mit bloßen Hauptsätzen oder einfach gebauten parataktischen Satzgefügen (aneinandergereihte Hauptsätze) aus. Dennoch sollten Sie auf überschaubare Sätze achten.

Satzklammer entlasten:

Subjekt und Prädikat möglichst nahe beisammen lassen

Subjekt und Prädikat sollten nicht zu weit voneinander entfernt stehen:

> ### ÜBUNG
> *Italien*, *das in seiner Energiewirtschaft stark von Importen abhängig ist*, **entschied** *sich bereits im Jahr 1987 gegen eine weitere Nutzung der Kernenergie.*
>
> Entlasten Sie die Satzklammer durch eine einfache Umstellung! Wenn möglich, verdeutlichen Sie zusätzlich noch die logischen Bezüge (Gegensatz).

Italien entschied sich bereits 1987 gegen eine weitere Nutzung der Kernenergie, obwohl es in seiner Energiewirtschaft stark von Importen abhängig ist.

bei zweiteiligen Verben kürzere Sätze bilden

Der adversative (gegensätzliche) Anschluss des Nebensatzes macht hier zugleich die logischen Bezüge klarer.

Auch bei einem zweiteiligen Verb sollte die Satzklammer nicht unnötig überfrachtet werden.

24. Sprachliche Prägnanz **177**

> **ÜBUNG**
>
> *Eine Deregulierung internationaler Handelsbestimmungen* **soll** *den Unternehmen einen Handel, in dem das freie Spiel der Marktkräfte gewährleistet werden kann,* **ermöglichen**.
>
> Entlasten Sie auch hier die Satzklammer und vergleichen Sie Ihr Ergebnis mit dem folgenden Vorschlag.

Wir führen die beiden Teile des Verbs zusammen, hängen den Relativsatz an den Hauptsatz an und erhalten so eine viel übersichtlichere Satzstruktur:

Eine Deregulierung internationaler Handelsbestimmungen **soll** *den Unternehmen einen Handel* **ermöglichen**, *in dem das freie Spiel der Marktkräfte gewährleistet werden kann.*

Nebensätze anhängen:
Eine längere Satzperiode lässt sich nur mühsam verstehen, wenn mehr als zwei Nebensätze vor dem Hauptsatz stehen.

> **ÜBUNG**
>
> *Obwohl das ursprüngliche Ziel, durch Bewässerung größerer Landstriche, die bis dahin brach gelegen hatten, die wirtschaftliche Entwicklung zu fördern, nicht erreicht wurde, kam es in den folgenden Jahren dennoch zu einer Despezialisierung der landwirtschaftlichen Produktion.*
>
> Versuchen Sie, diesen Satz zu vereinfachen, indem Sie mit dem Hauptsatz beginnen.

In den folgenden Jahren kam es zu einer Despezialisierung der landwirtschaftlichen Produktion, obwohl das ursprüngliche Ziel nicht erreicht wurde, die wirtschaftliche Entwicklung durch Bewässerung brachliegender Landstriche zu fördern.

Wenn man jedoch stets mit dem Hauptsatz beginnt, werden die Texte leicht eintönig. Deshalb sind Satzgefüge mit ein oder höchstens zwei vorangestellten Nebensätzen dann angebracht, wenn die Nebensätze auf den Hauptsatz hinleiten:

vor dem Hauptsatz sollten nicht mehr als 2 Nebensätze stehen

Wer es versteht, sich auf den Leser einzustellen, prüft die Botschaft eines Satzes, bevor er mit der Niederschrift beginnt.

24.4 Wortstellung nutzen

Wortstellung nutzen, um logische Strukturen zu verdeutlichen

Beim Schreiben ist uns oft viel zu wenig bewusst, wie wichtig die Wortstellung im Satz ist. Gerade in wissenschaftlichen Texten können Sie sich die Wortstellung zunutze machen, um logische Strukturen zu betonen. Wenn Sie etwa einen Gegensatz ausdrücken wollen, setzen Sie die gegensätzlichen Begriffe jeweils an den Anfang des Satzes. Nehmen wir als Beispiel eine Arbeit aus dem Bereich der Volkswirtschaft. Untersucht werden soll »Das Wachstum der Volkswirtschaft«:

*Die **Relevanz** sozialer Indikatoren ist gegenwärtig unumstritten, ihre **Definition** wird dagegen kontrovers diskutiert.*

Sparsam eingesetzt kann dieses Stilmittel die logische Struktur des Textes unterstützen. Allerdings muss man von Fall zu Fall prüfen, ob der Lesefluss durch die Umstellung nicht gestört wird. Wenn etwa ein Akkusativobjekt am Satzanfang steht, kann die Konstruktion leicht missverstanden werden:

Diese Entwicklung, die sich schon vor Jahren ankündigte, bezeichnete der Abgeordnete als fehlgeleitet.

Der Leser erwartet spontan, dass »diese Entwicklung« das Subjekt des Satzes bildet. Erst nachdem das tatsächliche Subjekt »der Abgeordnete« genannt wurde, wird klar, dass »diese Entwicklung« das Objekt des Satzes ist. Diese Verwechslung liegt nahe, weil hier Nominativ und Akkusativ formal gleich sind. Wenn sich das Akkusativobjekt dagegen deutlich vom Nominativ unterscheidet, kann man das Objekt an den Satzanfang stellen, um es besonders zu betonen:

Den Steuersatz will der Minister aber auf keinen Fall senken.

24. Sprachliche Prägnanz **179**

24.5 Das treffende Wort finden

Viele Aussagen gehen am Zuhörer vorbei, weil das treffende Wort fehlt. Sehen Sie sich das folgende Beispiel über Kommunikationsstrategien an:

Stellen Sie beim Zuhören Ihre eigenen Interessen zurück und erzeugen Sie eine kooperative Atmosphäre.

Gegen diesen Satz ist im Grunde nichts einzuwenden, nur lässt er viel zu viele Fragen offen. Wesentliche Informationen fehlen:

◆ Wie signalisieren Kommunikationspartner, dass sie ihre eigenen Interessen zurückstellen? Durch Schweigen und sonstige non-verbale Signale?
◆ Wodurch zeichnet sich eine kooperative Atmosphäre aus?

Wenn der zitierte Satz lediglich als Einleitung einer längeren Erläuterung fungiert, darf er ruhig so allgemein gefasst sein. Ohne nähere Erklärungen aber bleibt er vage und deshalb uninformativ.

vage Aussagen präzisieren

Wenn Sie in Ihrer wissenschaftlichen Arbeit nach einem treffenden Ausdruck suchen, wechseln Sie für einen Augenblick die Seite. Überlegen Sie, welche Vorstellung Sie in Ihrer Leserin wecken: Kann sie sich ein präzises Bild machen? Oder bleibt sie auf Vermutungen angewiesen?

ÜBUNG

Nehmen wir uns noch ein Beispiel vor:

Dieser Satz in Max Frischs Manuskript ist unverständlich. Versuchen Sie sich vorzustellen, warum ein Satz unverständlich sein könnte. Je nachdem wählen Sie ein treffenderes Wort. Stellen Sie eine Liste möglicher Wörter zusammen, die hier passen könnten.

Einige mögliche treffende Wörter:
unleserlich, vieldeutig, vage, unvollständig, widersinnig, widersprüchlich, überraschend, unpassend.

180 Kapitel 7: Leserbezogen schreiben

24.6 Nominalisierungen sparsam verwenden

unnötige Nominalisierungen tilgen

In den gängigen Stilfibeln werden Sie zu Recht davor gewarnt, zu viele Nomen zu gebrauchen, vor allem solche, die aus Verben oder Adjektiven abgeleitet sind: *Verdeutlichung, Entgegensetzung, Erklärbarkeit, Interpretierbarkeit, Aufrechterhaltung.* Besonders umständlich wirken Verbindungen mehrerer Nomen in einem Satz.

ÜBUNG
Die Gewährleistung der Versorgung galt als gefährdet.
Die Wahrnehmung der Aufrechterhaltung der allgemeinen Ordnung wurde einem einzelnen Mitarbeiter übertragen.
Vereinfachen Sie diese Sätze. Es gibt in jedem Fall mehr als eine Lösung.

Die Versorgung war gefährdet.
Die Versorgung galt als gefährdet.
Die Versorgung war nicht mehr gewährleistet.
Ein einzelner Mitarbeiter musste die allgemeine Ordnung aufrechterhalten.
Ein einzelner Mitarbeiter erhielt die Aufgabe, die allgemeine Ordnung aufrecht zu erhalten.

So überflüssig und störend Nominalisierungen oft erscheinen, sind sie doch in wissenschaftlichen Texten oft notwendig. Sie transportieren viel Information mit wenigen Worten. Die Devise lautet deshalb: so viele Worte wie nötig, um verstanden zu werden, aber so wenige Worte wie möglich, um sich knapp und präzis auszudrücken.

Sprachkürze gibt Denkweite.
Jean Paul

Nehmen wir ein simples Beispiel:

Dass der Begriff vieldeutig ist, zeigt sich daran, dass man ihn austauschen kann.

Nominalisierungen können diesen Satz straffen und ihn so überschaubarer machen:

24. Sprachliche Prägnanz **181**

Die Vieldeutigkeit des Begriffs zeigt sich in seiner Austausch-barkeit.

In ähnlicher Weise können Nominalisierungen nicht nur das Satzgefüge vereinfachen, sondern auch prägnantere Formulierungen schaffen:

> **ÜBUNG**
> *Die Welthandelsorganisation (WTO) stellt sicher, dass der Staat nicht in den Wettbewerb eingreift.*
> Transformieren Sie diesen Satz durch eine Nominalisierung.

Nominalisierungen dort einsetzen, wo sie Aussagen präzisieren

Die Welthandelsorganisation (WTO) sichert den Wettbewerb gegen staatliche Eingriffe.

Im folgenden Satz sehen wir dagegen noch einmal, dass Nominalisierungen auch in wissenschaftlichen Texten schwerfällig und unnötig sein können.

> **ÜBUNG**
> *Die Umsetzung dieses Konzepts ist mit Problemen behaftet.*
> Wie könnte dieser Satz kürzer und flüssiger formuliert werden?

Ersetzen Sie den nominalen Ausdruck »mit Problemen behaftet« einfach durch ein Adjektiv:

Die Umsetzung dieses Konzepts ist problematisch.

nominale Ausdrücke wo möglich durch Adjektive ersetzen

Überflüssige Nominalisierungen führt man am besten auf ihre Verbform zurück und erhält so einen leichter lesbaren Satz.

nominale Ausdrücke möglichst auf Verben zurückführen

> **ÜBUNG**
> Transformieren Sie den folgenden Satz, indem Sie die Nominalisierungen auflösen. Sie können auch die Satzstruktur verändern.
> *Anders als in der Sonderschule sollte in der Regelschule der tägliche Umgang miteinander die Aneinandergewöhnung schaffen und das Akzeptieren fördern.*

182 Kapitel 7: Leserbezogen schreiben

nominale Ausdrücke durch Nebensätze ersetzen

Wir machen die Nominalisierungen rückgängig und fügen einen Nebensatz ein:

Anders als in der Sonderschule sollte in der Regelschule der tägliche Umgang miteinander dazu führen, dass Behinderte und Nichtbehinderte sich aneinander gewöhnen und einander akzeptieren.

Sie sollten sich also in jedem einzelnen Fall fragen, ob der Satz durch einen nominalen Ausdruck kürzer, präziser und lesbarer wird. Häufig kann man nicht alle drei Ziele gleichzeitig erreichen: im Zweifelsfall entscheiden Sie sich für die *Lesbarkeit.*

24.7 Passiv gezielt einsetzen

Stilratgeber warnen auch immer wieder vor dem Gebrauch des Passivs. Nun interessiert aber im wissenschaftlichen Schreiben oft nicht der Akteur einer Handlung, sondern allein das Ergebnis. Deshalb ist das Passiv in Wissenschaftstexten unverzichtbar. Wir sollten es allerdings nur dort einsetzen, wo deutlich ein Vorgang oder ein Ergebnis im Zentrum steht und der Handelnde zurücktritt. Folgender Text etwa würde uns wahrscheinlich befremden, weil uns zwar Ablauf und Ergebnis interessieren, aber nicht der Versuchsleiter.

Passiv dort einsetzen, wo nur das Ergebnis interessiert

ÜBUNG

Nach diesem Modell kann der Forscher alle mit der Erwärmung und Abkühlung der Körper verbundenen Phänomene quantitativ behandeln. Er kann die Theorie der chemischen Reaktionen in das so geschaffene Schema zwanglos einordnen. Der Wissenschaftler kann die qualitativen Änderungen der Stoffe in chemischen Prozessen auf die Änderungen der geometrischen Konfigurationen der Atome zurückführen.

Blenden Sie den Versuchsleiter aus der Beschreibung aus und konzentrieren Sie sich auf die Wiedergabe der Vorgänge. Wählen Sie dafür verschiedene Passivformen.

24. Sprachliche Prägnanz **183**

Nach diesem Modell lassen sich alle mit der Erwärmung und Abkühlung der Körper verbundenen Phänomene quantitativ behandeln. Man kann die Theorie der chemischen Reaktionen zwanglos in das so geschaffene Schema einordnen. Die qualitativen Änderungen der Stoffe in chemischen Prozessen sind auf die Änderungen der geometrischen Konfigurationen der Atome zurückzuführen.

Passiv lässt sich, wie Sie sehen, auf verschiedene Arten ausdrücken oder umschreiben. Nehmen wir als Beispiel den folgenden Satz:

Passivformen variieren

Jemand löst diese Aufgabe durch eine einfache Verschiebung der Satzglieder.

Wir können diesen Satz in 5 verschiedenen Varianten passiv formulieren:

♦ *Diese Aufgabe kann durch eine einfache Verschiebung der Satzglieder gelöst werden.*
♦ *Diese Aufgabe kann man durch eine einfache Verschiebung der Satzglieder lösen.*
♦ *Diese Aufgabe lässt sich durch eine einfache Verschiebung der Satzglieder lösen.*
♦ *Diese Aufgabe ist durch eine einfache Verschiebung der Satzglieder zu lösen.*
♦ *Diese Aufgabe ist durch eine einfache Verschiebung der Satzglieder lösbar.*

Häufig verbirgt sich der Autor oder die Autorin allerdings auch hinter einer Passiv-Formulierung: »Im Folgenden soll untersucht werden«, »Es ist zu zeigen«, »Hier ist hervorzuheben«. Diese Formulierungen wirken, wenn sie gehäuft auftreten, künstlich. Lange Zeit herrschte in der deutschen Wissenschaftssprache, ganz anders etwa als in anglo-amerikanischen Texten, geradezu ein »Ich-Tabu«. Der schreibende Wissenschaftler durfte nicht als »ich« hervortreten, sondern musste sich hinter dem »wir« und dem »man« verstecken oder eben in Passivkonstruktionen flüchten. In neueren Wissenschaftstexten finden wir zunehmend das »ich« des Autors, der Position bezieht und seinen Standpunkt begründet. Wo es aber nicht um die Stellungnahme des

Den deutschen Schriftstellern würde durchgängig die Einsicht zustatten kommen, dass man zwar, wo möglich, denken soll wie ein großer Geist, hingegen dieselbe Sprache reden wie jeder andere. Man brauche gewöhnliche Worte und sage ungewöhnliche Dinge: Aber sie machen es umgekehrt.
Arthur Schopenhauer, Philosoph 1788-1860

Schreibenden geht, sondern primär um Wissensvermittlung, gewinnt das »wir« eine neue didaktische Funktion: es umfasst jetzt den Autor/die Autorin *und* den Leser/die Leserin.

Wenn Sie nicht genau wissen, was in Ihrer Disziplin üblich ist, werfen Sie einen Blick in neuere Publikationen. Wissenschaftler unterschiedlicher Fächer sind sich nämlich nach wie vor nicht einig, wie der eigene Standpunkt am besten kenntlich gemacht werden soll.

25. ☠ Giftschrank! ☠

Einige sprachliche Schnitzer finden sich in wissenschaftlichen Texten so häufig, dass es sich lohnt, ausdrücklich vor ihnen zu warnen.

Das Gute, dieser Satz steht fest, ist stets das Böse, was man lässt. Wilhelm Busch, Maler und Dichter 1832-1908

Wenn man weiß, welche Formulierungen dem Text schaden, kann man sie bewusst wegsperren und meiden.

25.1 Füllsätze

Vermeiden Sie Sätze, die keine eigene Aussage transportieren, sondern lediglich eine Aussage vorbereiten:

inhaltsleere Ankündigungen vermeiden

Wir werden im Folgenden zeigen, welche Bedeutung die Strophenform für das Gedicht hat.

Verbinden Sie stattdessen Ihre Ankündigung gleich mit einer Information:

Wir werden im Folgenden zeigen, dass die Strophenform in diesem Gedicht in krassem Widerspruch zum Inhalt steht.

Manchmal wird der Text auch flüssiger, wenn man Füllsätze einfach weglässt:

Hier stellt sich nun eine entscheidende Frage.

Dieser Satz kann ersatzlos gestrichen werden.

Wir kommen nun zu einem wichtigen Punkt.

25.2 Füllwörter

Neben Füllsätzen blähen auch Füllwörter unsere Texte unnötig auf. Da sie in der Umgangssprache gern verwendet werden, geraten sie mehr oder weniger wie von selber in die Texte:

eben, ja, wohl, natürlich, wahrscheinlich, wirklich, eigentlich, vielleicht, regelrecht, insgesamt, gewissermaßen, irgendwie.

vage Füllwörter streichen

Diese und ähnliche Wörter setzen wir oft ein, um Aussagen zu relativieren. In wissenschaftlichen Texten sollten Sie aber gerade Farbe bekennen: Können Sie Ihre Hypothesen belegen – dann können Sie auf jedes »eigentlich«, »vielleicht« und »irgendwie« verzichten; können Sie Ihre Ergebnisse nicht hinreichend stützen, rettet Sie auch ein »gewissermaßen«, »natürlich« und »wohl« nicht.

Wenn es möglich ist, ein Wort zu streichen – streiche es. George Orwell, brit. Schriftsteller 1903-1950

25.3 Modewörter

Wie in der Mode werden auch in der Sprache von Zeit zu Zeit Wörter populär, die plötzlich in aller Munde sind. Je häufiger sie gebraucht werden, desto geringer wird schließlich ihr Informationsgehalt. Die Autoren bemühen sich kaum noch, sich über die genaue Bedeutung eines Modeworts klar zu werden, solange es »gut klingt«:

Modewörter kritisch prüfen

Diskurs, postmodern, Phasen, kreativ, Stellenwert, optimal, diese und ähnliche Wörter sollten Sie genau prüfen, bevor Sie sie verwenden; nicht jede Unterhaltung ist ein Diskurs; nicht alles, was neu ist, ist kreativ!

Seht sie an, wie sie schwelgen in der Sprachverhunzung, diese edlen Söhne der ›Jetztzeit‹! Arthur Schopenhauer

Kapitel 7: Leserbezogen schreiben

25.4 Pralinéstil

einfach und treffend statt wortreich und gedrechselt

Ein unverwüstliches Vorurteil besagt, dass ein Text um so wissenschaftlicher klingt, je undurchsichtiger und komplizierter er sich liest. Deshalb bemühen sich viele Schreiber, einen einfachen Sachverhalt durch zahlreiche Nomen und gedrechselte Nebensätze herauszuputzen.

ÜBUNG

In einer Arbeit über den Drogenkonsum Jugendlicher heißt es:
In dieser Zeit kann es wieder zur Berührung des Suchtmittelproblems kommen, mit dem Motiv, das Erreichen ehrgeiziger Pläne zu verwirklichen, während das kurzzeitige Vergessen innerseelischer Konflikte zur Entlastung beiträgt.

Dieser Satz ist nicht nur unnötig kompliziert, sondern auch unnötig wortreich. Vereinfachen und entlasten Sie diesen Satz.

Einfacher und klarer könnte der Satz lauten:

In dieser Zeit greifen Jugendliche oft wieder zu Drogen, um ehrgeizige Pläne zu verwirklichen. Dadurch können sie ihre psychischen Konflikte kurzzeitig vergessen und fühlen sich entlastet.

ÜBUNG

Überfrachtet ist auch der folgende Abschnitt, der eine Figur des englischen Schauerromans charakterisiert:

Diese Form der Begegnung mit Ambrosios eigenen Frustrationen ist ein großer Bestandteil des psychologischen Gehalts der Handlung. Der Autor überlässt seine Figur nicht einfach der Degeneration, sondern versetzt diesen Prozess in den Zustand der Erklärbarkeit. Diese Erklärbarkeit der Verbrechen Ambrosios birgt eine deutliche Schuldminderung und gewinnt dadurch erheblich an aktuellem Wert für den modernen Leser.

Formulieren Sie einfacher und verständlicher.

Eine mögliche Variante könnte lauten:

Der Roman schildert psychologisch nachvollziehbar Ambrosios Frustrationen. Dabei überlässt der Autor seine Figur aber

*nicht einfach der Degeneration, sondern versucht, ihre Ver-
brechen zu erklären. Ambrosio erscheint so weniger schuldig
und wird zugleich für den modernen Leser interessanter.*

25.5 Stereotype

Allzu leicht schleichen sich auch in wissenschaftliche Texte
stereotype Wendungen ein. Da abgenutzte Formulierungen
aber meist auch ungenau sind, sollte man bei sehr ge-
bräuchlichen Verbindungen besonders wachsam sein:

*triftige Gründe, bitterer Ernst, ein Bild des Grauens, die
ganze Wahrheit, gezielte Maßnahmen, ein heißes Eisen,
volles Verständnis, zur Sprache kommen, unter Beweis stellen, zur Diskussion stehen, in Erfahrung bringen.*

Diese und viele ähnliche Floskeln lassen sich durch präzise
Formulierungen ersetzen, die sich in den jeweiligen Kontext
einfügen. Dabei stellt man häufig fest, dass eine genauere
Formulierung zunächst einmal genauere Kenntnis verlangt.
So könnten Sie etwa statt der allgemeinen Feststellung *»Dieser methodische Ansatz galt in der Forschungsdiskussion als
heißes Eisen«* genauer und informativer formulieren: *„Dieser
methodische Ansatz wurde durch die politischen Interessen
rivalisierender Schulen in der Forschung kontrovers diskutiert.«*

*stereotype Wen-
dungen vermeiden*

26. Tipps für die Praxis

Wie kann man nun aber all diese Anregungen nach und
nach in die Praxis umsetzen? Auch hier hilft nur: üben,
üben, üben! Nach und nach werden Sie ein Gefühl für die
unterschiedlichen Stilebenen bekommen und den Wechsel
von Ihrer Alltagssprache in die Sprache der Wissenschaft fast
mühelos schaffen. Einige Tipps sollen Ihnen dabei helfen.

*Gefühl für unter-
schiedliche Stilebe-
nen entwickeln*

26.1 Aktiv lesen!

Was macht Texte gut verständlich?

Lesen Sie Texte Ihrer wissenschaftlichen Disziplin, die Sie selber beim ersten Lesen informativ und gut verständlich finden – leider werden Ihnen auch viele abschreckende »Vorbilder« begegnen! –, noch einmal langsam und bewusst durch und achten Sie dabei in erster Linie auf das »Wie«:

♦ Wie beginnen die Autoren ihre Texte; wie stellen sie den Kontakt zum Leser her; welche Wendungen werden für einleitende Passagen benutzt?

♦ Wie sehen Überleitungen aus; wie knüpft die Autorin an zuvor Gesagtes an; wie kündigt sie das Folgende an; welche Formulierungen stehen hier zur Wahl?

♦ Wie werden die eigenen Ergebnisse begründet; wie verbindet der Autor Behauptung und Begründung; wie verdeutlicht er den inneren logischen Zusammenhang der Argumente?

♦ Wie werden Gegenargumente eingeführt; wie nimmt die Autorin auf andere Forschungsmeinungen Bezug?

♦ Wie formuliert der Autor sein Fazit; wie fasst er die eigenen Ergebnisse knapp und präzise zusammen; wie skizziert er seinen Ausblick?

Liste brauchbarer Wendungen anlegen

Legen Sie eine Liste der Formulierungen an, die Sie demnächst in den einzelnen Arbeitsschritten Ihrer wissenschaftlichen Arbeit verwenden wollen. Eine solche selbst geschriebene Liste, die das Ergebnis aktiven Lesens ist, wird Ihnen mit Sicherheit nützlicher sein als jedes Synonymlexikon. Natürlich sollten Sie hin und wieder ein aktuelles Synonymwörterbuch verwenden, um alternative Wendungen zu entdecken. Aber das Lexikon kann Ihnen nicht die Erfahrung ersetzen, die Sie beim Lesen wissenschaftlicher Texte selber machen müssen: Wann verwende ich welche Formulierung und welche Wirkung kann ich damit erzielen?

26.2 Texte umschreiben

Texte in unterschiedlichen Genres schreiben

Schreiben Sie einen Text Ihrer Wahl für verschiedene Adressaten um. Beginnen Sie mit einem sehr persönlichen Text, indem

Sie Ihr Arbeitsvorhaben als Tagebuchnotiz niederschreiben. Achten Sie auf die Merkmale eines solchen Textes: fehlender Adressatenbezug, durchgängig subjektive Sicht, assoziative Gedankenführung, Andeutungen und Leerstellen, emotionale Färbung in Wortwahl und Satzbau sowie spontane Wertungen.

Tagebuchnotiz

Nach dieser Analyse formulieren Sie dasselbe Arbeitsvorhaben als Artikel für eine wissenschaftliche Zeitschrift. Wir wählen zunächst den wissenschaftlichen Artikel statt der Seminararbeit, um den kommunikativen Bezug sichtbar zu machen. Der Adressatenbezug ist hier stilbildend, auch wenn der Adressat anonym bleibt: Sie müssen eine stringente Argumentation entwickeln, logische Verknüpfungen schaffen und auf sprachliche Prägnanz achten. Die Sprache legt ihre emotionale Färbung ab und gehorcht dem Gebot intersubjektiver Geltung. Wertungen werden ausgewiesen und begründet, Zitate gewinnen Argumentationswert.

wissenschaftlicher Artikel

Der Vergleich der beiden Textsorten, vielmehr: der genau beobachtete Prozess der Transformation von einer Textsorte in die andere, macht konstitutive Merkmale und Konventionen wissenschaftlicher Texte sichtbar. Aus dem kommunikativen Kontext lassen sich so Normen wissenschaftlichen Schreibens begründen, die sonst selten explizit gemacht werden, deren Befolgung aber unausgesprochen erwartet wird. Zugleich lernen Sie in diesen Übungen, zunächst von Ihrer eigenen Sprache auszugehen, das eigene Schreiben zu

Textsorten vergleichen

Wenn man alle Gesetze studieren sollte, so hätte man gar keine Zeit, sie zu übertreten.
Johann Wolfgang Goethe

ÜBUNG

Nachdem Sie das gerade beschriebene »Rezept« ausprobiert haben, können Sie die Übung auch variieren, indem Sie z.B. mit einem Brief beginnen. Schildern Sie einem realen Adressaten Ihr wissenschaftliches Vorhaben ansprechend und verständlich. Wechseln Sie dann den Adressaten: Schreiben Sie zum selben Thema eine kurze Einführung für ein Buch (Waschzettel). Anschließend formulieren Sie ein kurzes Exposé für einen Stipendienantrag. Von Text zu Text wird sich der Stil Ihrer Darstellung ändern. Wenn Sie diese Übung mehrmals mit verschiedenen Themen machen und die Ergebnisse einem interessierten Zuhörer vorlesen, werden Sie nach und nach ein Gefühl für die unterschiedlichen Textsorten bekommen.

Brief schreiben

Waschzettel schreiben

Exposé schreiben

reflektieren und Schwierigkeiten im Schreibprozess wahrzunehmen und zu benennen.

26.3 Texte verbessern

schlechte und schwierige Texte umschreiben

Lernen Sie aktiv, schlechte Texte zu verbessern. Scheuen Sie sich dabei auch nicht, schwer verständliche Texte, denen Sie immer wieder begegnen, umzuschreiben. Nehmen Sie sich einen Abschnitt vor, dessen Informationen Sie erst nach mehrmaligem Lesen verstanden haben, und fragen Sie sich: Wie könnte man dieselbe Information verständlicher formulieren?

Für Anfänger ist es leichter, *fremde* Texte zu verbessern als eigene, weil die notwendige Distanz von vornherein da ist. Vielleicht können Sie auch andere Studierende bitten, Ihnen ihre Texte zur Korrektur zu überlassen. Sie werden feststellen, dass Ihre Verbesserungsvorschläge von Mal zu Mal lieber angenommen werden. Und Sie selber lernen, sprachliche Schwächen zu erkennen und treffendere Formulierungen zu finden.

Rückblick

Leserbezogen und verständlich schreiben bedeutet vor allem, nachvollziehbar zu argumentieren und Ergebnisse im Bewusstsein des Lesers zu verankern. Präzise, eindeutige und knappe Formulierungen unterstützen die Argumentation. Die eigene Ausdrucksfähigkeit lässt sich durch aktives Lesen, Umschreiben fremder Texte und Schreibübungen in unterschiedlichen Genres verbessern.

Kapitel 8
Überarbeiten

Überarbeiten

27. Argumentation prüfen
- ◼ Schlüssigkeit
- ◼ Übergänge
- ◼ Leitbegriffe und Zitate

28. Präzise formulieren
- ◼ Vereinfachen
- ◼ Explizieren
- ◼ auf den Punkt bringen

29. Formalia korrigieren
- ◼ vollständig?
- ◼ einheitlich?
- ◼ korrekt?

Überarbeitung findet im wissenschaftlichen Schreibprozess auf Schritt und Tritt statt. Jede Umgruppierung des Materials, jede Veränderung der Gliederung, jede Neuformulierung eines Satzes ist Teil einer permanenten Überarbeitung. Auch greifen die einzelnen Schritte in der Textproduktion so eng ineinander, dass Änderungen in einem Bereich sich häufig unmittelbar auf andere Teile der Arbeit auswirken. Wenn Sie etwa während des Schreibens feststellen, dass ein Unterpunkt Ihrer Argumentation besser in einem anderen Kapitel auftauchen sollte, kann sich damit der Schwerpunkt dieses Kapitels verlagern. Dadurch kann ein anderes Kapitel ins Zentrum der Arbeit rücken. Gelegentlich verschieben sich so auch die Grenzen des Themas. Ebenso können Sie bei schwierigen Formulierungen plötzlich merken, dass Ihnen der Sachverhalt, den Sie gerade zu Papier bringen wollen, noch gar nicht ganz klar ist. Sie sollten dann Ihre Argumentation insgesamt noch einmal überprüfen.

Wenige Bücher kosten so viel Zeit zu schreiben als zu binden, und alles daran erfordert Fleiß und Sorgfalt, das Papier, das Setzen und Drucken, das Binden, nur das Verfertigen nicht.
Georg Christoph Lichtenberg

In der Arbeits- und Zeitplanung haben wir gesehen, dass es nützlich sein kann, sich nach jedem Kapitel *eine* Grobkor-

eine spontane Grobkorrektur nach jedem Kapitel

rektur zu »erlauben«. Korrekturen hemmen zwar häufig den Schreibfluss, können aber auch Druck vermindern. Es gibt nämlich Schreibende, die es nur sehr schwer ertragen, einen Text unkorrigiert zu lassen, den sie schon beim Schreiben als fehlerhaft und unvollständig empfinden. Für sie ist es hilfreich, unmittelbar nach der ersten Niederschrift offensichtliche inhaltliche Fehler zu verbessern und Lücken zu füllen. Das bedeutet aber, dass die Autorin mit einem ganz klaren Arbeitsauftrag an diese erste Überarbeitung herangeht: Es geht nur darum, auffällige inhaltliche und logische Mängel zu beseitigen. Und erst wenn die gesamte Rohfassung steht, beginnen wir mit der Arbeit am Detail.

27. Argumentation prüfen

27.1 Schlüssigkeit

Überprüfen Sie zuerst die Schlüssigkeit der Argumentation. Dazu gehört, dass Sie mögliche Lücken und Sprünge in Ihrer Argumentation aufspüren. Als Autor und Autorin sind Sie Ihrem Text möglicherweise zu nahe, so dass es Ihnen schwer fällt, die eigene Argumentation kritisch zu betrachten. Bitten Sie einen interessierten Leser im Freundeskreis – es muss kein Fachkollege sein! –, Ihre Arbeit auf ihre Schlüssigkeit hin zu lesen und Sie auf Schwachstellen aufmerksam zu machen. Am leichtesten werden Sie willige Kontrollleser finden, wenn Sie ganz klar machen, dass Sie selber für die Richtigkeit der aufgestellten Thesen einstehen. Ihr Leser muss *nicht* beurteilen, ob Ihre Arbeit inhaltlich richtig, sprachlich gelungen und orthographisch sowie grammatisch richtig ist, er soll lediglich darauf achten, ob er der Argumentation folgen kann. Bitten Sie also Ihren Testleser, sich ganz auf den Argumentationszusammenhang zu konzentrieren, und suchen Sie sich für die anderen Überarbeitungsaufgaben andere Testleser oder übernehmen Sie diese Aufgaben nach einer angemessenen Pause zwischen dem Schreiben und dem Überarbeiten selber.

Ist die Argumentation schlüssig?

Testleser einsetzen

Damit fällt dem Leser schon vor Beginn der Lektüre ein Stein vom Herzen. Häufige Klagen wie »Aber davon verstehe ich doch gar nichts!« werden hinfällig. Sie müssen jetzt zwar Ihre Untersuchung inhaltlich allein verantworten – diese Verantwortung hätte Ihnen ohnehin niemand abgenommen! –, aber Sie erhalten dafür die Rückmeldung eines distanzierten und kritischen Lesers.

27.2 Übergänge

Die Übergänge zwischen den Kapiteln und Abschnitten können Sie leicht selber überprüfen. So wie wir Übergänge zwischen den Abschnitten unserer Argumentation schaffen, leiten wir auch von einem Kapitel auf das folgende über. Das kann mit einem knappen Satz am Beginn eines neuen Kapitels geschehen wie in der folgenden Untersuchung über »Lesebiographien von Frauen«:

⇒ Baustein 19

knappe Vorausdeutungen am Kapitelanfang

So wie jeder Mensch seine eigene Lese-Geschichte hat, so hat auch das Lesen selbst eine Geschichte. – Es folgt ein Kapitel über die Geschichte des Lesens.

Sie können Ihr Kapitel aber auch mit einer Überleitung zum nächsten Kapitel *beschließen*: So heißt es in einer Analyse der neuen »Literatur im Netz« am Ende eines theoretischen Kapitels über den Hypertext:

kurze Überleitung am Kapitelende

Anhand der Darstellung verschiedener literarischer Projekte im Netz und der Analyse des Internet-Romans »Die Quotenmaschine« sollen im Folgenden Wege zur Literatur, Textstrukturen und Klassifizierungsfragen fiktionaler Hypertextliteratur genauer erörtert werden.

ÜBUNG
Lesen Sie in Ihrer Arbeit nur die ersten (oder die letzten) zwei Sätze jedes Kapitels: Geben sie einen Eindruck von dem, was den Leser erwartet?

27.3 Leitbegriffe

⇒ Baustein 13

Leitbegriffe strukturieren jede Arbeit, wenn man sie gezielt einführt und an zentralen Stellen des Textes wiederholt. Sie prägen sich dem Leser ein und strukturieren ihrerseits seine Erinnerung In einer Arbeit über »Lese-Biographien von Frauen« spielt der Begriff der »Gestalt« eine zentrale Rolle. In den Transformationen dieses Leitbegriffs (Gestaltbrechung, Gestaltlogik, Gestalttransformation, Gestaltkonstruktion und Gestaltparadox) zeigt sich das theoretische Konzept für die Beschreibung von Lese-Biographien.

Leitbegriffe als »Geländer«

In einer anderen, literaturwissenschaftlichen Arbeit wirkt der Begriff der »Gattungstransformation« wie ein Geländer, das der Argumentation Halt gibt. Die Arbeit untersucht nämlich konstitutive Merkmale und Grenzen eines literarischen Typus.

> **ÜBUNG**
> Suchen Sie nach einem oder mehreren Leitbegriffen, die in Ihrer Arbeit durchgängig präsent sind. Überprüfen Sie, ob die Textstellen, an denen diese Begriffe auftauchen, im Zusammenhang gelesen in etwa das Skelett Ihrer Arbeit abbilden.

27.4 Exkurse

Exkurse sparsam einsetzen

Mit Exkursen sollten Sie sparsam umgehen. Entweder ist Ihre Feststellung für das Thema wesentlich – dann gehört sie in die Argumentation hinein; oder sie ist nebensächlich – dann sollte sie am besten gestrichen werden. So schwer es auch fällt, beim Schreiben – oder schlimmer noch, nach dem Schreiben! – ganze Passagen zu löschen, auf brillante Gedanken und imponierende Fundstellen zu verzichten: Fast immer gewinnt die Arbeit durch Weglassen! Wenn Sie Überflüssiges streichen, müssen Sie sich nämlich eindeutig für die *eine* Linie Ihrer Argumentation entscheiden; dadurch wird auf jeden Fall die gesamte Arbeit klarer und schlüssiger.

In Ausnahmefällen allerdings lassen sich weiterführende Gedanken oder Zusatzinformationen in einem Exkurs unterbringen: Wenn Sie z.B. Hintergrundinformationen ausführlich referieren wollen, die zum Verständnis des Themas zwar nicht essenziell sind, den Leser aber dennoch interessieren könnten. Achten Sie jedoch unbedingt darauf, dass auch ein Leser, der Ihren Exkurs überspringt, Ihrem Text problemlos folgen kann. Insgesamt sind Exkurse in wissenschaftlichen Arbeiten im Rahmen Ihres Studiums, einschließlich der Promotion, aber eher die Ausnahme.

27.5 Zitate

Zitate fügen sich am besten in die Argumentation ein, wenn sie logisch und sprachlich in den Text integriert sind. Überprüfen Sie deshalb den »Sitz« Ihrer Zitate im Text. Achten Sie zugleich darauf, ob die Zitate vollständig und korrekt sind und ob die genaue Fundstelle angegeben ist.

⇒ Baustein 14

Zitate integrieren

27.6 Feinstruktur

Von der Grobstruktur, dem Gesamtzusammenhang der Argumentation, kommen wir nun zur Feinstruktur, dem Aufbau der einzelnen Kapitel und Abschnitte. Zunächst müssen Sie feststellen, ob sich in Ihrer Arbeit überhaupt verschiedene Abschnitte unterscheiden lassen. Wodurch unterscheiden sich die Kapitel voneinander? Hat jedes Kapitel und jeder Abschnitt *eine* zentrale Aussage? Wird insgesamt deutlich, welche Abschnitte besonders wichtig sind und welche dagegen eher Hintergrundinformationen liefern?

Verteilen Sie Kopien Ihres Entwurfs. Lesen Sie Abschnitt für Abschnitt vor und machen Sie nach jedem Absatz eine Pause, damit Ihre Zuhörer ihre Reaktionen aufschreiben können: Was wird als nächstes kommen? Was erwarten die Zuhörer? Was finden sie gut? Was enttäuscht sie? Donald M. Murray

> **ÜBUNG**
> Formulieren Sie für jedes Kapitel Ihrer Arbeit *einen* zentralen Satz!

Wir haben gesehen, dass Einleitung und Schluss wichtige Funktionen in der Arbeit übernehmen. Die Untersuchung wirkt besonders geschlossen, wenn diese beiden Bausteine der Arbeit aufeinander hin komponiert werden. Im Schluss können rückblickend Fragen beantwortet werden, die in der Einleitung aufgeworfen wurden, oder Perspektiven ein Stück weit verfolgt werden, die in der Einleitung bereits eröffnet wurden.

28. Präzise formulieren

Was bedeutet es, eine Aussage auf den Punkt zu bringen? Und wie finde ich das treffende Wort?

Patentlösungen gibt es hier nicht, aber doch ein paar Tipps und Tricks:

Schachtelsätze auflösen
- ♦ Misstrauen Sie langen Schachtelsätzen! Sehr wahrscheinlich haben Sie nämlich versucht, eine Information mehrmals aus unterschiedlichen Blickwinkeln zu beschreiben, weil Ihnen der Angelpunkt selber nicht ganz klar war. Vereinfachen Sie den Satz und reduzieren Sie ihn auf die wesentliche Aussage.

Satzlogik ausdrücken
- ♦ Überprüfen Sie die Satzlogik. Haben Sie die logischen Verhältnisse im Satzgefüge auch durch entsprechende Konjunktionen und Adverbien explizit gemacht? Sind Ihre Satzbezüge eindeutig?

- ♦ Sorgen Sie dafür, dass jeder längere Abschnitt *eine* zentrale Aussage hat, die der Leser behalten sollte. Und geben Sie ihr eine Form, die der Leser auch tatsächlich behalten kann!

zentrale Aussagen treffen

Wiederholungen tilgen
- ♦ Streichen Sie Wiederholungen – außer wenn Sie mehrere Beispiele einführen, einen Untersuchungsschritt ankündigen oder eine wichtige Information im Gedächtnis des Lesers verankern. Verfahren Sie bei Ihrer Überarbeitung nach dem Motto »Jeder Satz ist ein notwendiger Satz«!

präzise Begriffe verwenden
- ♦ Suchen Sie nach einem treffenden Begriff oder Fachterminus, der einen Sachverhalt genau und klar umgrenzt benennt. Oft erspart der Einsatz eines gängigen wissenschaftlichen Begriffs viele unnötige Erläuterungen. Haben Sie Ihre zentralen Begriffe definiert und sie durchgängig gleich verwendet?

- Wenn Sie mit einer Formulierung ringen, halten Sie einen Augenblick inne und fragen Sie sich: Was genau will ich sagen? Die Antwort kann ein Kritzelbild sein, eine kleine Zeichnung, die logische Sachverhalte abbildet. Oft gelingt die treffende Formulierung leichter, wenn man versucht, die Zeichnung dann in Worte zu fassen.

vom Zeichnen zum Schreiben

- Ein anderer Weg zur genauen Formulierung kann über ein Synonymlexikon führen: Schauen Sie nach, welche Wörter im Umfeld des Ausdrucks liegen, den Sie suchen. Die Auswahl an verwandten Wörtern bringt Sie dann oft geradewegs zur treffenden Formulierung.

Synonymlexikon verwenden

29. Formalia korrigieren

Die formale Überarbeitung sollte unbedingt ein eigener Arbeitsschritt sein. Sicherlich haben Sie selber schon oft festgestellt, dass man formale Fehler einfach übersieht, solange man sich auf den Inhalt der Arbeit konzentriert. Deshalb prüfen Sie folgende Fehlerquellen sorgfältig, nachdem der übrige Überarbeitungsprozess abgeschlossen ist:

formale Überarbeitung separat durchführen

- Sind die Anmerkungen vollständig, korrekt und einheitlich?
- Ist das Literaturverzeichnis vollständig, fehlerfrei und einheitlich?
- Stimmt die Grammatik? Besonders häufig schleichen sich bei der Bearbeitung am PC Kongruenzfehler ein: Nomen und Verb stimmen nicht überein.

Stimmt die Orthographie? Sind alle Tippfehler korrigiert? Nehmen Sie ruhig in Zweifelsfällen öfter mal den Duden zu Hilfe. Er sollte als Arbeitsmittel sowieso griffbereit neben Ihrem PC liegen.

*Ich denke immer wenn ich einen Druckfehler sehe, es sei etwas Neues erfunden.
Johann Wolfgang Goethe*

Sehr hilfreich ist es natürlich, wenn Sie diese formalen Korrekturen einem Testleser überlassen. Er sieht aus seiner Distanz zum Text die Fehler viel eher. Und last but not least hat er kurz vor Abgabe der Arbeit bestimmt die besseren Nerven!

Rückblick

Checkliste zur Überarbeitung

1. Argumentation prüfen

Schlüssigkeit: Lücken, Sprünge, Widersprüche?
Übergänge: Vor- und Rückverweise?
Leitbegriffe an zentralen Stellen des Textes?
Zitate : vollständig, korrekt; inhaltlich und sprachlich integriert ?
Abschnitte sinnvoll gesetzt?
Eine zentrale Aussage pro Abschnitt?
Einleitung und Schluss aufeinander bezogen?

2. Präzise formulieren

Vorsicht vor Schachtelsätzen!
Satzlogik? Satzbezüge eindeutig?
Wiederholungen?
Fachtermini: definiert und durchgängig gleich verwendet?
Formulierung: Was genau will ich sagen?

3. Formalia korrigieren

Anmerkungen?
Literaturverzeichnis?
Grammatik?
Orthographie?

Kapitel 9
Tipps und Tricks bei Schreibblockaden

Tipps und Tricks bei Schreibblockaden

30. Mein »Lieblingsproblem«
- Wo liegt mein Schreibproblem?
- Tipps für alle Fälle

31. Nicht anfangen können
- Free Writing
- mittendrin anfangen
- Bestandsaufnahme
- laut schreiben und Tonbandaufnahme

32. Der innere Kritiker
- Zeitlimit setzen und Zielvorstellungen überprüfen
- konkreten Leser entwerfen
- Genrewechsel
- Dialog mit dem inneren Kritiker

33. Chaos!
- Zeitplan überprüfen
- Gedanken sortieren
- Graphik entwerfen

34. Motivation
- Interesse am Thema?
- über Unlust schreiben
- Arbeitsbedingungen überprüfen

35. Zeitdruck
- Planung
- Bilanz
- Belohnung

30. Mein »Lieblingsproblem«

Schreibstörungen hat jeder, aber keiner spricht darüber! Deshalb ist es oft so schwer, Erfahrungen auszutauschen und Lösungen zu finden. Wir wollen in diesem Buch damit beginnen, uns erst einmal über die eigenen Schwierigkeiten beim Schreiben klar zu werden. Es gibt nämlich fast so viele Schreibprobleme wie Schreiber und Schreiberinnen. Deshalb kommt es zunächst darauf an, *unserem* Schreibproblem auf die Spur zu kommen.

Krisen sind wichtig. Es ist wichtig, hin und wieder in den frühen Morgenstunden schweißgebadet aufzuwachen und zu sagen: »Es ist ein komplettes Desaster, ich habe nichts zu sagen!« Dann spricht man mit sich selbst und sagt: »Das passt zu dir!«
Sten Nadolny

Wo liegt das eigene Schreibproblem?

Dazu nehmen wir spielerisch die Perspektive des Textes ein, der von uns geschrieben werden will. Anstatt aber theoretisch über die Ursachen unserer Schreibblockaden nachzudenken, schreiben wir darüber und beginnen mit einer Bestandsaufnahme: »Ich bin der Text von ...« Der Text darf seinen Frustrationen Luft machen, die Schwierigkeiten seines Schreibers benennen, seine Autorin aber selbstverständlich auch loben. Diese Schreibübung setzt durch einen veränderten emotionalen Zugang zu den eigenen Schreibproblemen neue Einsichten frei. Als Schreibender glaubt man oft, dass ein Text aus sprachlichen Gründen misslingt: *»Ich kann mich einfach nicht ausdrücken!«* Sprachliche Schwächen sind jedoch häufig nur die »Spitze des Eisbergs«: Darunter verbergen sich meistens andere Ursachen wie: Unkenntnis wissenschaftlicher Darstellungsformen, Schwierigkeiten bei der Strukturierung des Materials, fehlende Planungsstrategien und viele andere Defizite. Die vorgestellte Übung führt uns *schreibend* erst einmal mitten in unsere Schreiberfahrungen hinein. Durch den Wechsel der Perspektive erfahren wir mehr über unsere eigenen Stärken und Schwächen.

Es ist bei Schreibblockaden wichtig, den unüberwindlichen Berg vor uns in lauter kleine Brocken zu zerschlagen. Statt der großen Angst vor dem leeren Blatt sehen wir uns dann realen Schwierigkeiten beim wissenschaftlichen Schreiben gegenüber, Schwierigkeiten, die man nach und nach angehen und bewältigen kann. Sicherlich sehen Sie mehr als nur ein Schreibproblem vor sich. Entscheiden Sie sich trotzdem dafür,

30. Mein »Lieblingsproblem« 205

zunächst das Wichtigste anzugehen. Die übrigen Schwierigkeiten werden sich möglicherweise »von selbst« lösen, wenn der Knoten erst einmal geplatzt ist. Vielleicht liegen sie aber auch vorläufig noch wie größere und kleinere Felsbrocken an Ihrem Weg – wie auf René Magrittes Bild (Titelblatt Kapitel 9) – und wollen nach und nach weggeräumt werden.

> *Da rege ich mich auch schon gar nicht mehr auf, wenn es Tage gibt, an denen nichts geht und es einem nicht einfällt und man noch nicht einmal das, was man geschrieben hat, beurteilen kann. Da muss man einfach eine Weile warten.*
>
> *Sarah Kirsch, dt. Schriftstellerin geb. 1935*

ÜBUNG

Schreiben Sie einen kurzen Text, der mit den Worten beginnt: »Ich bin der Text von ...«. Dieser Text sollte nicht länger als ungefähr eine Seite sein, und Sie sollten nicht länger als 20 oder höchstens 30 Minuten daran schreiben. Am Ende der Schreibübung steht dann die Aufgabe, am eigenen Text das »Lieblingsproblem« abzulesen, das dringendste Problem, das Ihr Schreiben so schwer macht: Formulieren Sie Ihr Lieblingsproblem in *einem* Satz und schreiben Sie ihn auf.

Bevor wir uns auf den folgenden Seiten einige »Lieblingsprobleme« anschauen und mögliche Lösungen diskutieren, hier ein paar generelle Tipps:

- Sammeln Sie so oft wie möglich positive Schreiberfahrungen: beim kreativen Schreiben, bei kurzen Entwürfen, in Ihrem wissenschaftlichen Journal.
- Beginnen Sie möglichst früh mit dem Schreiben: Formulieren Sie Ihr Arbeitsvorhaben in einem kurzen Text, skizzieren Sie den Verlauf einzelner Kapitel, schreiben Sie Zusammenfassungen, schreiben Sie auch über offene Fragen und anstehende Probleme. Und beginnen Sie rechtzeitig mit der Rohfassung.
- Geben Sie Ihre Texte frühzeitig aus der Hand. Auch wenn noch nicht alles perfekt formuliert ist, holen Sie sich von anderen Lesern ein Feedback! So bekommen Sie allmählich eine realistische Selbsteinschätzung.
- Mut zum Müll! Sie dürfen auch in Ihren wissenschaftlichen Arbeiten Vorläufiges produzieren, Ungeordnetes hinschreiben, Fehler machen. Ihr Text muss *nicht* auf Anhieb stehen. Er ist zunächst nicht mehr als eine Arbeitsgrundlage. Aber er wächst mit jeder Überarbeitung.
- Fangen Sie *heute* an, Ihre Schreibgewohnheiten zu ändern und probieren Sie nach und nach möglichst viele Tipps aus diesem Buch aus.

31. Nicht anfangen können

Das Anfangen fällt mir immer schwer. Ich habe jedesmal Angst, dass ich nicht schaffe, was ich möchte; Zweifel daran, dass ich es überhaupt kann. Herta Müller, Schriftstellerin geb. 1953 in Rumänien

Schreiben lernt man nur durch Schreiben! Aber wie kommt man zum Schreiben? Der leere Bildschirm wartet darauf, mit Wörtern gefüllt zu werden, die uns nach wenigen Zeilen schon misslungen scheinen: *»Das klingt blöd«*. Also: löschen – und – erst mal Kaffeetrinken. Vor dem leeren Blatt Papier geht's auch nicht leichter: den ersten Satz schreiben – durchstreichen – den zweiten Satz drunter schreiben, dann vielleicht noch einen – durchlesen – verändern – Stift hinlegen – *»ich glaub', ich telefonier' erst mal!«*
Versuchen Sie es anders!

31.1 Free Writing

Beginnen Sie Ihren Schreibtag mit einer kurzen Schreibübung! Free-Writing nennt sich dieses lustvolle Verfahren, das aus dem anglo-amerikanischen Creative Writing zu uns gekommen ist. Nehmen Sie sich jeden Tag, bevor Sie Ihr Schreibpensum anpacken, 5 Minuten Zeit. Notieren Sie auf einem leeren Blatt Papier alles, was Ihnen durch den Kopf geht. »Ohne den Stift abzusetzen«, schreiben Sie ohne Zensur »automatisch« alle Ihre Gedanken nieder. Keine Angst, es liest niemand außer Ihnen! Dann legen Sie das Blatt beiseite, ohne es noch einmal durchzulesen. Jetzt haben Sie den Kopf frei für Ihre wissenschaftliche Arbeit und können loslegen.

sich frei schreiben

Statt alle Gedanken unsortiert aufzuschreiben, können Sie auch einmal probieren, gezielt über Ihre Schreibunlust zu schreiben: »Warum ich heute überhaupt keine Lust habe, zu schreiben«. Aber schreiben Sie sich nicht in einen Schreibrausch hinein! Begrenzen Sie auch hier die Schreibzeit auf ungefähr 5 Minuten. Durch diese Übung haben Sie Ihre Abneigung gegen das Schreiben *schreibend* schon ein wenig überwunden.

> **ÜBUNG**
> Fangen Sie *heute* an: Bevor Sie Ihre Schreibaufgabe an-
> packen, nehmen Sie sich 5 Minuten für die neue Erfahrung
> des Free-Writing. Nach einer Woche ziehen Sie Bilanz: Hat Ih-
> nen diese kleine Übung den Schreibbeginn etwas erleichtert?

31.2 Mittendrin anfangen

Beginnen Sie Ihre Arbeit möglichst nicht am Anfang! Die Einleitung ist der schwierigste Teil der Studie, weil in ihr so viele unterschiedliche Anforderungen auf uns zu kommen. Beginnen Sie statt dessen mit dem Hauptteil. Am einfachsten ist es natürlich, wenn Sie mit dem ersten Punkt des Hauptteils anfangen, weil Sie von hier aus die Argumentation aufrollen können. Fällt Ihnen aber dieser Anfang besonders schwer, können Sie ruhig auch mittendrin einsetzen: mit dem Abschnitt oder Kapitel, das Sie bereits am besten überblicken. Wichtig ist es am Beginn des Schreibprozesses vor allem, überhaupt erst einmal ins Schreiben zu kommen und ermutigende Schreiberfahrungen zu machen. Später können Sie dann die Einzelteile zusammenbauen.

Es gibt in der ganzen entdeckten Welt keine verdammtere Arbeit als einen ersten Sektor zu schreiben.
Jean Paul

mit dem Hauptteil der Arbeit beginnen

31.3 Bestandsaufnahme

Unter der Überschrift »Was ich schon über mein Thema weiß« notieren Sie – in ganzen Sätzen! – alles, was Sie zu dem Kapitel, das Sie gerade schreiben wollen, parat haben. Wenn Lücken sichtbar werden, machen Sie sich eine Notiz für später. Anschließend ordnen Sie die Gedanken in einer sinnvollen Reihenfolge. So erhalten Sie einen »Fahrplan« für Ihr Kapitel, den Sie nun Punkt für Punkt abarbeiten können.

Was wissen Sie schon über Ihr Thema?

31.4 Laut schreiben

Wenn Sie am Vortag bereits einen Text geschrieben haben, lesen Sie ihn sich immer noch einmal selber vor. Sie machen sich so den Zusammenhang Ihrer Argumentation klar und schließen mit dem neuen Text bewusst an den alten an. Besonders hilfreich ist dieses Rekapitulieren, wenn Sie Ihren Text *laut* lesen und anschließend die nächsten drei, vier Sätze auch »*laut* schreiben«. Durch das gleichzeitige Schreiben und Sprechen wird unsere Denk- und Schreibaktivität gesteigert. Anschließend fällt das Weiterschreiben viel leichter. Wenn Sie beim ersten Versuch noch keinen Erfolg verspüren, lesen Sie sich das am Vortag Geschriebene ruhig mehrmals langsam laut vor, bis sich der Anschlussgedanke »wie von selbst« einstellt.

durch lautes Lesen und Schreiben das Denken aktivieren!

Laut lesen und schreiben ist auch hilfreich, wenn man mitten im Schreiben stecken bleibt. Es gibt Schreibende, die zunächst flüssig drauf los schreiben, bis nach zwei oder drei Seiten »nichts mehr geht«. Dann ist es am besten, eine kurze Pause einzulegen und danach mit mehrmaligem lautem Lesen des bisher Geschriebenen und anschließendem lautem Weiterschreiben noch einmal anzusetzen.

der leichtere Wiedereinstieg

Sie können auch einen einfachen Trick nutzen, um nach einem erfolgreichen Schreibtag am nächsten Tag leichter wieder einsteigen zu können: Brechen Sie Ihren Text mitten im Satz, mitten im Gedanken ab und skizzieren Sie nur in Stichworten den Fortgang. Am folgenden Tag werden Sie dann spontan das Bedürfnis haben, den unvollständigen Satz zu beenden und den angefangenen Gedanken auszuführen – und schon haben Sie begonnen zu schreiben!

Ich höre am Abend nicht nur mitten in einer Szene auf, von der ich weiß, wie sie weitergeht, und auch nicht in einem Absatz, sondern mitten in einem Wort. Dann gehe ich in der Früh an meinen Schreibtisch und schreibe das Wort zu Ende und dann den Satz ... und auf diese Weise gelingt es mir immer wieder, mich hineinzuschleichen.
Johannes Mario Simmel, österr. Schriftsteller geb. 1924

31.5 Tonbandaufnahme

Bei hartnäckigen Schreibblockaden hilft ein etwas aufwändigeres, aber erfolgreiches Rezept: Sprechen Sie Ihr Schreibprojekt auf Tonband und stellen Sie sich dabei vor, Sie wollten Ihr Anliegen einem interessierten Zuhörer erzählen. Wenn Sie anschließend Ihren Text vom Band abtippen, haben Sie einen Rohtext zur Verfügung, an dem Sie weiterarbeiten können. Jeder geschriebene Text, auch der unvollkommenste ist besser als gar kein Text! Denn sobald Sie einen Text niedergeschrieben haben, haben Sie eine Materialbasis, die Sie bearbeiten, verändern, ergänzen, vielleicht sogar umschreiben können. Probieren Sie dieses Verfahren zunächst an kurzen Textstücken von drei oder vier Seiten aus. Mitunter hilft diese Art des Einstiegs schon, um danach unverkrampfter weiterschreiben zu können.

32. Der innere Kritiker

Die Stimme unseres inneren Kritikers hindert uns oft daran, im Schreibfluss zu bleiben oder überhaupt etwas Akzeptables zu Papier zu bringen: *»Das klingt blöd!« »Ist das überhaupt wissenschaftlich?« »So kann man das doch nicht sagen!« »Stimmt das überhaupt?« »Die andern kriegen das viel besser hin!«*

Perfektionismus und Selbstüberforderung verhindern, dass wir überhaupt zu einer realistischen Selbsteinschätzung gelangen. Wir wissen nie genau, was eigentlich von uns verlangt wird, können unsere eigenen Leistungen nur selten mit anderen vergleichen und verlieren so nach und nach jedes Gefühl dafür, wo tatsächlich unsere Stärken und Schwächen liegen. In dieser Situation hat der innere Kritiker leichtes Spiel!

Probieren Sie die folgenden Tricks aus, um mit Ihrem inneren Kritiker produktiv umzugehen.

Perfektionismus ist nicht Suche nach dem Besten. Er ist eine Beschäftigung mit dem Schlechtesten in uns, dem Teil, der uns sagt, dass nichts von dem, was wir tun, je gut genug sein wird – und dass wir es noch einmal versuchen sollten.
Julia Cameron

32.1 Zeitlimit setzen

Auch wenn Ihr Dozent Ihnen kein Zeitlimit gesetzt hat, nehmen Sie sich einen Zeitpunkt vor, an dem Sie die Arbeit abgeben wollen. Nur so wird eine vernünftige Zeitplanung möglich und nur so schützen Sie sich wirkungsvoll vor unnötigem Perfektionismus. Gestehen Sie sich ein, dass es natürlich immer noch besser, präziser, überzeugender, anschaulicher ginge, dass Sie aber nur eine begrenzte Zeit zur Verfügung haben. Sie müssen sich also von vornherein darauf einstellen, innerhalb einer bestimmten Frist eine be-

Perfektionismus und Selbstüberforderung bekämpfen

grenzte Leistung zu erbringen. Diese Einsicht in die notwendige Unvollkommenheit Ihrer Arbeit wird Sie erleichtern und Ihnen Mut machen, die gesetzte Zeit gut zu nutzen.

32.2 Zielvorstellungen überprüfen

Überlegen Sie einmal in Ruhe, was Sie mit der anstehenden Arbeit alles erreichen wollen. Wollen Sie einfach »nur« Ihren »Schein machen«? Okay, versuchen Sie herauszufinden, welche Anforderungen an Sie gestellt werden. Sie haben dann ein konkretes Ziel und finden in diesem Buch genügend Hilfestellungen, um dieses Ziel auch zu erreichen. Aber vielleicht wollen Sie insgeheim *doch* den Nobelpreis? Spaß beiseite: Viele Schreibende wollen mit ihren Texten viel mehr erreichen als sie sich selber eingestehen: anderen zeigen, dass sie in der Lage sind zu studieren; einen besonders guten Eindruck machen, weil man sich um ein Stipendium bewerben möchte; sich selber beweisen, dass man es diesmal packen wird; ein besonders aktuelles Thema bearbeiten, um sich optimal für den Beruf zu qualifizieren – alle diese Motivationen sind durchaus nicht abwegig, sie behindern nur durch ihr Gewicht sehr oft unser Schreiben. Machen Sie sich klar, welche Motivation noch hinter Ihrem Schreiben steht, und versuchen Sie dann, Belastungen umzuschichten. Vielleicht können Sie das ein oder andere Ziel auch auf anderen Wegen erreichen?

Welche Ziele wollen Sie mit der Arbeit erreichen?

ÜBUNG
Schreiben Sie einen kurzen Text, in dem Sie sich darüber klar werden, was Sie mit Ihrer Arbeit eigentlich alles erreichen wollen. Manchmal genügt schon die Konfrontation mit den eigenen Anforderungen, um einzusehen, dass man sich hoffnungslos überfordert hat.

32.3 Konkreter Adressat

Nicht zu wissen, für wen man schreibt, kann außerordentlich lähmend sein. Denkt man an den Prüfer und seinen

Wissensvorsprung, an seinen kritischen Blick, wenn er die Arbeit begutachtet – kann man leicht den Mut verlieren.

Und deshalb: Denken Sie an Ihren Prüfer, solange Sie sich bemühen, möglichst genau herauszufinden, was er von Ihnen und Ihrer Arbeit verlangt – und dann: Vergessen Sie ihn so schnell wie möglich! Stellen Sie sich statt dessen während des Schreibens einen konkreten Leser vor, den Ihre Arbeit interessiert. Überlegen Sie, was ihn motivieren könnte, Ihre Arbeit zu lesen. Stellen Sie sich vor, welche Fragen er stellen könnte, und versuchen Sie, diese Fragen zu beantworten. Treten Sie möglichst oft während des Schreibens in Dialog mit Ihrem vorgestellten Leser.

Für wen schreiben Sie?

ÜBUNG

Schreiben Sie als Lockerungsübung einmal ein »Portrait meines Lesers«. Am besten wählen Sie einen Leser, der das gleiche Fach studiert wie Sie, sich aber im Unterschied zu Ihnen in Ihrem Spezialgebiet nicht auskennt. Fragen Sie sich, welche Kenntnisse Ihr Leser hat, was Sie ihm erklären müssen. Überlegen Sie auch, was Ihren Leser an Ihrer Arbeit interessieren könnte, welche Fragen er stellen würde.

Ein solches konkretes Leserportrait kann Ihnen helfen, wenn Sie entscheiden wollen, wie viel Informationen und Erklärungen Sie jeweils geben und wie weit Sie ausholen müssen. Statt eines vorgestellten Lesers können Sie sich natürlich auch an einen realen Leser wenden und Ihren Text an ihm »testen«.

Ein konkreter Leser motiviert eher zum Schreiben und korrigiert Ihre übersteigerten Ansprüche. Achten Sie beim Schreiben darauf, dass Ihr Leser Ihnen folgen kann und eine solide Antwort auf die im Thema gestellte Frage erhält. So gewinnen Sie eine realistische Messlatte für Ihre Arbeit.

32.4 Genrewechsel

Schreiben Sie hin und wieder mal einen bewusst anspruchslosen Text! Einen Kindertext, einen Tagebucheintrag zu Ihrem Thema oder einen Brief, in dem Sie Ihr For-

⇒ Baustein 10

⇒ Baustein 26

lockere Texte schreiben

schungsvorhaben mitteilen. Auch Augenblickstexte gehören hierher: kurze Passagen zum Stand der Arbeit, zu neuen Einsichten und offenen Fragen. So lösen Sie spielerisch »Schreibkrämpfe« und gewinnen gleichzeitig immer wieder Distanz zu Ihrem Text. Diese Lockerungsübungen entlasten Sie vorübergehend von dem Anspruch, wissenschaftlich zu schreiben, und machen Ihnen zugleich deutlich, wie weit Sie Ihr Thema inhaltlich schon im Griff haben.

32.5 Im Schreibfluss bleiben

Ein Schriftsteller, das ist einer, der Schwierigkeiten hat beim Formulieren. Thomas Mann, Schriftsteller 1875-1955

Lassen Sie sich von Ihrem inneren Kritiker nicht verleiten, den Schreibfluss zu unterbrechen, um unvollständige Zitate nachzusehen, Beispiele herauszusuchen, Behauptungen letztendlich schlüssig zu belegen, Formulierungen zu glätten und dreimal neu anzusetzen, um das treffende Wort zu finden. All das können Sie später nachholen. Beim ersten Schreiben geht es vor allem darum, ins Schreiben zu kommen und im Schreiben zu bleiben.

Selbstkritik produktiv nutzen

Nun passiert es aber häufig, dass Sie die kritischen Kommentare Ihres inneren Kritikers nicht einfach überhören können, denn vieles, was Sie da hören, trifft ja tatsächlich zu. Nutzen Sie diese Kritik: Setzen Sie in Ihrer Rohfassung überall dort Randzeichen, wo Ihnen schon beim Schreiben Einwände kommen. Entwickeln Sie eine Liste von Symbolen für bestimmte Einwände: L = Logik, A = Ausdruck, G = Grammatik, √ = Lücke, Z = Zitat ergänzen oder nachweisen, S = Satzbau, B = Beispiel einfügen, ? = habe ich das selber genau verstanden/stimmt das wirklich? Diese Randnotizen helfen Ihnen *während* des Schreibens, im Schreibfluss zu bleiben, und *nach* dem Schreiben, gezielt Ihre Korrekturen anzugehen. Kleinere Korrekturen können Sie natürlich nach wie vor sofort vornehmen: Es ist durchaus in Ordnung, wenn Sie eine Formulierung verwerfen und sich spontan für eine treffendere entscheiden – nur sollten Sie sich nicht an einer Formulierung festbeißen.

32.6 Dialog mit dem inneren Kritiker

Meldet sich Ihr innerer Kritiker häufig und vehement zu Wort, sollten Sie den Dialog mit ihm suchen: Notieren Sie auf einem Blatt Papier in zwei Spalten links alles, was Ihr Kritiker sagt: *» Das klingt schlecht«*, *»Das stimmt überhaupt nicht«*, *»Das schaffst du doch nie«*, *»Du weißt überhaupt nicht, wie das geht«*, *»Die andern sind viel besser«*, *» Das ist bestimmt ganz unwissenschaftlich«* – und so weiter und so weiter.

ÜBUNG
Jetzt hat Ihr Kritiker das Wort: Was sagt er? Schreiben Sie es in der linken Spalte Ihrer Übersicht auf.

Dann überlegen, was an der Kritik wirklich »dran« ist: Statt des »Killers«: *»Das schaffst du doch nie«* könnte es heißen: *»Das ist meine erste wissenschaftliche Arbeit. Ich muss erst lernen, wie das geht. Ich werde mal sehen, ob es an unserer Uni Seminare zum wissenschaftlichen Schreiben gibt. Wenn nicht, versuche ich es mit einem Buch oder frage bei anderen nach.«*

Wenn Sie auf diese Weise pauschale und entmutigende Einwände Ihres Kritikers durch genaues Hinsehen und realitätsgerechte Einschätzung entkräften, werden Sie insgesamt entspannter schreiben können. Sie werden feststellen, dass die Urteile Ihres inneren Kritikers sehr häufig überzogen sind, dass aber die Realität, nüchtern betrachtet, nicht halb so schlimm ist.

ÜBUNG
Jetzt notieren Sie in der rechten Spalte Ihrer Liste, wie die Dinge bei *genauem* Hinsehen wirklich aussehen!

33. Chaos!

Dieses Gefühl kennt wahrscheinlich jeder. Sie haben viel gelesen, viel exzerpiert, ziemlich viel nachgedacht und analysiert – und trotzdem keinen Überblick gewonnen. Hier stapeln sich die Fotokopien, dort füllt sich der Papierkorb mit Entwürfen oder der PC mit Fragmenten, ein paar Bücher stehen noch ungelesen im Regal, mittlerweile ist Ihnen schon gar nicht mehr klar, worum es eigentlich in Ihrer Arbeit geht. Chaos!

Was tun? Schalten Sie erst einmal ab. Legen Sie eine Pause ein. Gönnen Sie sich eine Abwechslung. Und am nächsten Tag gehen Sie Schritt für Schritt Ihre Arbeit neu an:

⇒ Baustein 2

◆ Stellen Sie einen Arbeits- und Zeitplan auf oder überprüfen Sie Ihren bisherigen Zeitplan. Kalkulieren Sie auch »schlappe« Zeiten und genügend Raum für Korrekturarbeiten ein.

Wochenplan anlegen

◆ Anschließend sehen Sie sich Ihre Feinplanung an: Welches Pensum haben Sie in *dieser* Woche zu erledigen? Werden Sie genug ungestörte Arbeitszeit haben, um Ihr Schreibpensum zu schaffen? Was müssen Sie eventuell ändern?

Gedanken sortieren

◆ Und jetzt gehen Sie daran, Ihre Gedanken zu ordnen. Viele Schreibende haben wie Sie das Gefühl, dass ihre Gedanken viel zu komplex und divers sind, um sich in einem fortlaufenden Text darstellen zu lassen. Im Kopf ist alles gleichzeitig präsent, die Gedanken laufen nach allen Richtungen auseinander, und alle Gedanken drängen gleichzeitig mehr oder weniger unsortiert aufs Papier. Nehmen Sie sich etwas Zeit, um noch einmal in Ruhe ein Mindmap und/oder eine Kritzelzeichnung Ihres Vorhabens zu entwerfen.

⇒ Baustein 19

Augenblickstexte schreiben

◆ Schreiben Sie anschließend einen kurzen Kommentar zu Ihrer Kritzelzeichnung, um sich die Fragestellung und den roten Faden noch einmal klar zu machen. Und schreiben Sie zusätzlich jedes Mal, wenn Ihre Gedanken über Ihnen zusammenzustürzen drohen, einen kleinen

Text: Was will ich gerade beweisen? Wie kann ich es beweisen? Was ist im Augenblick gerade schwierig für mich? Was könnte mir helfen?

♦ Für fast alle Schwierigkeiten, denen Sie während des Schreibens begegnen, bietet Ihnen dieses Buch Hilfestellungen an. Nutzen Sie die einzelnen Bausteine, um immer wieder einzelne Tipps und Tricks nachzulesen. Manche Anregungen muss man einfach mehrmals lesen, bevor man sie genau dort einsetzen kann, wo sie am nützlichsten sind.

Tipps und Tricks nachschlagen!

♦ Stellen Sie für jedes Kapitel einen »Fahrplan« auf: Was will ich in diesem Kapitel beweisen? Wie folgen die Argumente aufeinander? Was soll mein Leser aus diesem Kapitel unbedingt mitnehmen?

Fahrplan aufstellen

Und wenn Sie wieder einmal in Panik geraten, lesen Sie sich diese Tipps noch einmal durch und setzen Sie möglichst viele *sofort* in die Praxis um! Wenn Sie Ihre Arbeit so Schritt für Schritt angehen, wird sich das Chaos Stück für Stück lichten.

34. Motivation

Ein besonders sensibles Thema beim Schreiben ist die eigene Motivation. Davon hängt nicht selten auch das Maß der Konzentration ab, die wir für eine Arbeit aufbringen können. Besonders bei längeren Arbeiten wie Magister- und Examensarbeiten, und ganz besonders natürlich während der Promotion kommt man ohne solide Motivation nicht aus. Das Zertifikat allein, das am Schluss winkt, gibt uns kaum das nötige Durchhaltevermögen.

Achten Sie bei der Wahl Ihres Themas darauf, dass Sie selber das Thema spannend und die Untersuchung lohnend finden. Das Thema, dem Sie sich zuwenden, sollte einen Bezug zu Ihren sonstigen Interessen haben, allerdings möglichst nicht aus sehr persönlichen Erfahrungen hervorgegangen sein.

Interesse am Thema

216 Kapitel 9: Tipps und Tricks bei Schreibblockaden

Wenn Sie an einer längeren Arbeit schreiben, nehmen Sie hin und wieder einmal Abstand und machen Sie sich bewusst, was Sie an der Untersuchung immer noch reizt.

Was ist das Spannende an meiner Arbeit?

Wenn Sie erst einmal Ihre anfänglichen Widerstände überwunden haben und anfangen, einen kleinen Text zum Thema zu schreiben, werden Sie feststellen, dass hinter allem Frust auch bei Ihnen noch Neugier und Entdeckerfreude lebendig sind.

ÜBUNG

Was finde ich spannend an meinem Thema? Schreiben Sie spontan einen kurzen Text von höchstens einer Seite. Notieren Sie nicht nur Stichworte! Denn: Schreiben lernt man nur durch Schreiben!

⇒ Baustein 31

Lassen Sie Musik laufen oder schreiben Sie im Stehen. Thomas Wolfe hat auf einem Kühlschrank geschrieben und Ernest Hemingway stellte seine Schreibmaschine auf eine Kommode. Beginnen Sie den Tag, indem Sie in der Badewanne schreiben wie Nobokov. Nichts ist zu albern, wenn Sie dadurch ins Schreiben kommen!
Donald M. Murray

Überwiegt die Unlust über längere Zeit, so fangen Sie an, regelmäßig über Ihre Widerstände und Ihre Frustrationen zu schreiben, vielleicht sogar jeden Tag, bevor Sie Ihr Schreibpensum angehen. Allmählich wird sich ein Bild Ihrer Widerstände zusammensetzen, das Ihnen ziemlich konkret sagt, was Ihnen die Lust am Schreiben nimmt. Wenn Sie erst einmal die Ursachen kennen, können Sie sich aus den vielen Hilfestellungen in diesem Buch eine für *Ihr* Problem passende heraussuchen. Vielleicht stellt sich aber auch heraus, dass Ihre Schwierigkeiten gar nicht nur im Schreiben liegen, sondern ganz andere Ursachen haben. Dann ist es an Ihnen, diesen Schwierigkeiten nicht länger aus dem Weg zu gehen.

Vielleicht überschätzen Sie manchmal auch einfach Ihr Durchhaltevermögen? Vielleicht sollten Sie sich öfter mal eine Pause gönnen und zufrieden auf das schon Erreichte blicken? Vielleicht hat Ihre Arbeit auch in Ihrer Lebensorganisation nicht den Raum, den sie eigentlich braucht? Vielleicht verlangen Sie zu viel von sich, in zu kurzer Zeit und unter zu widrigen Umständen? Überprüfen Sie Ihre Arbeitsbedingungen und Ihr Arbeitsumfeld. Und vergessen Sie nicht, sich für jedes gelungene Kapitel zu belohnen!

Oft sinkt die Motivation aber auch, wenn ein Berg von Arbeit zu bewältigen ist, den wir nur schwer überschauen können. Dagegen helfen kleine überschaubare Arbeitsaufträge. Unterteilen Sie deshalb die vor Ihnen liegende Arbeit in sinnvolle Einheiten von jeweils einigen Tagen. So behalten Sie die Kontrolle über Ihren Arbeitsprozess, können Ihre Erfolge bilanzieren und Fehlplanungen frühzeitig korrigieren.

Arbeitsaufträge schreiben

Wenn Sie über längere Zeit nur wenig Schreibmotivation aufbringen können, erinnern Sie sich an Zeiten, in denen Sie flüssig schreiben konnten oder zumindest weniger blockiert waren: Unter welchen konkreten Bedingungen haben Sie damals geschrieben und was ist jetzt anders? Versuchen Sie herauszufinden, was Ihnen ganz persönlich beim Schreiben gut tut! Vielleicht fällt Ihnen das Schreiben in einer Gruppe leichter? Vielleicht brauchen Sie jemanden, der Ihnen einen ganz konkreten Arbeitsauftrag gibt? Vielleicht hilft Ihnen auch ein wenig wohldosierter Stress, um im Schreiben zu bleiben? Finden Sie heraus, welcher Schreibtyp Sie sind – es lohnt sich!

Wann konnten Sie flüssig schreiben?

35. Zeitdruck

Leichter Stress tut gut! Ein konkreter Abgabetermin, ein verbindlicher Arbeitsplan und maßvolle Kontrolle helfen vielen Schreibenden, ihr Arbeitspensum zu bewältigen. Bevor der Stress aber zu groß wird und Sie in Panik geraten, probieren Sie folgende Tipps aus:

♦ Skizzieren Sie zunächst einen realistischen Zeitplan, indem Sie Ihre Aufgaben je nach geschätztem Arbeitsaufwand auf die verfügbare Zeit verteilen.

⇒ Baustein 2

♦ Versuchen Sie, regelmäßige Arbeitszeiten einzuhalten und legen Sie ebenso regelmäßig Pausen ein. Arbeiten Sie nicht erst bis zur Erschöpfung, bevor Sie sich eine Pause gönnen, sondern planen Sie Ihre Erholungsphasen ebenso ernsthaft wie Ihre Arbeitszeiten.

Pausen einplanen

Kapitel 9: Tipps und Tricks bei Schreibblockaden

Jobmentalität: Regelmäßigkeit + Verbindlichkeit

♦ Betrachten Sie Ihre Schreibarbeit wie einen Job, für den Sie bezahlt werden: Regelmäßigkeit und Verbindlichkeit sind unbedingt nötig. Auch bei gleitender Arbeitszeit müssen Sie sich an zuvor getroffene Vereinbarungen halten! Vielleicht verabreden Sie sich mit einem Freund/einer Freundin, legen gemeinsame Arbeitszeiten fest und tauschen regelmäßig Ihre Erfahrungen aus.

konkrete Schreibanweisung

♦ Durch »Arbeitsaufträge« können Sie Verbindlichkeit und Effektivität steigern. Nehmen Sie sich jeden Tag 15 Minuten Zeit, um Ihr Arbeitspensum für den nächsten Tag zu skizzieren: Wie viele Seiten? Was ist das Thema des Unterabschnitts? Aus welchen Einzelschritten besteht die Argumentation? Geplante Reihenfolge der Argumente und Beispiele? Natürlich werden Sie beim Schreiben umstrukturieren und ändern. Wichtig für die Arbeitsvorbereitung ist zunächst nur die konkrete Schreibanweisung. Wählen Sie dafür ruhig einmal ein Blatt Papier in Ihrer Lieblingsfarbe!

Bilanz und Belohnung

♦ Ziehen Sie auch bei großem Zeitdruck immer Bilanz! Haben Sie Ihren Arbeitsplan erfüllt, belohnen Sie sich. Sind Sie wesentlich hinter Ihrem Plan zurückgeblieben, überprüfen Sie Ihre Arbeitsbedingungen, sprechen Sie mit anderen darüber, versuchen Sie, so viel wie möglich aus den Erfahrungen anderer Schreibender zu lernen, und ändern Sie unter Umständen Ihren Zeitplan.

Rückblick

Entdecken Sie Ihr dringendstes Schreibproblem. Experimentieren Sie mit Free Writing, schreiben Sie laut oder sprechen Sie Ihren Text auf Band. Fangen Sie beim Schreiben mit dem Hauptteil Ihrer Arbeit an.

Setzen Sie sich ein Zeitlimit, schreiben Sie für einen konkreten Adressaten. Versuchen Sie spielerisch, in unterschiedlichen Genres zu schreiben. Nehmen Sie den Dialog mit Ihrem inneren Kritiker auf.

Entwerfen Sie einen realistischen Zeitplan und motivieren Sie sich durch eine geschickte Themenwahl und überschaubare Arbeitsaufträge. Und: Vergessen Sie nicht, sich für Ihre Schreibarbeit zu belohnen!

Literaturverzeichnis

Hier finden Sie alle Studien aufgeführt, denen dieses Buch Anregungen und Einsichten verdankt, außerdem ausgewählte Übungsbücher, die sich mit der Praxis wissenschaftlichen Schreibens befassen.

I. Studien zur Textproduktion

Antos, Gerd & Krings, Hans P. (Hrg.): Textproduktion. Ein interdisziplinärer Forschungsüberblick. Tübingen 1989.

Ballstaedt, Steffen-Peter, Mandl, Heinz, Schnotz, Wolfgang & Tergan, Sigmar Olaf: Texte verstehen – Texte gestalten. München 1981.

Baurmann, Jürgen & Weingarten, Rüdiger (Hrg.): Schreiben. Prozesse, Prozeduren und Produkte. Opladen 1995.

Groeben, Norbert: Leserpsychologie: Textverständnis – Textverständlichkeit. Tübingen 1982.

Jakobs, Eva-Maria & Knorr, Dagmar (Hrg.): Schreiben in den Wissenschaften. Frankfurt/M 1997.

Knigge-Illner, Helga & Kruse, Otto (Hrg.): Studieren mit Lust und Methode. Neue Gruppenkonzepte für Beratung und Lehre. Weinheim 1994.

Kretzenbacher, Heinz L. & Weinrich, Harald (Hrg.): Linguistik der Wissenschaftssprache. Berlin 1994, S.15-39.

Kruse, Otto, Jakobs, Eva-Maria & Ruhmann, Gabriela (Hrg.): Schlüsselkompetenz Schreiben. Konzepte, Methoden, Projekte für Schreibberatung und Schreibdidaktik an der Hochschule. Neuwied 1999.

Rico, Gabriele L.: Garantiert schreiben lernen. Reinbek b. Hamburg 2004.

Toulmin, Stephan: Der Gebrauch von Argumenten. Weinheim 1996.

Ueding, Gert: Rhetorik des Schreibens. Eine Einführung. Frankfurt/M 1996.

II. Übungsbücher und Anleitungen zum wissenschaftlichen Schreiben

Brauner, Detlef J., Vollmer, Hans-Ulrich: Erfolgreiches wissenschaftliches Arbeiten, 2.Aufl., Sternenfels 2006 .

Brink, Alfred: Anfertigung wissenschaftlicher Arbeiten. 2.Aufl., München 2005.

Booth, Wayne C., Colomb, Gregory G. & Williams, Joseph M: The Craft of Research. Chicago 1995.

Bünting, Karl-Dieter, Bitterlich, Axel & Pospiech, Ulrike: Schreiben im Studium: mit Erfolg. Ein Leitfaden. 5.Aufl., Berlin 2006.

Charbel, Ariane: Schnell und einfach zur Diplomarbeit. Der praktische Ratgeber für Studenten. 5.Aufl., Nürnberg 2006.

Eco, Umberto: Wie man eine wissenschaftliche Abschlussarbeit schreibt. 11.Aufl., Heidelberg 2005.

Franck, Norbert, Stary, Joachim: Die Technik wissenschaftlichen Arbeitens.13.Aufl., Paderborn, 2006.

Göttert, Karl-Heinz: Kleine Schreibschule für Studierende. 2.Aufl., München 2002.

Hertlein, Margit: Mind Mapping, die kreative Arbeitstechnik. Spielerisch lernen und organisieren. 4.Aufl., Reinbek b. Hamburg 2005.

Knigge-Illner, Helga: Der Weg zum Doktortitel. Frankfurt/M. 2002.

Kruse, Otto: Keine Angst vor dem leeren Blatt. Ohne Schreibblockaden durchs Studium. 11. Aufl., Frankfurt/M. 2005.

Paetzel, Ulrich: Wissenschaftliches Arbeiten. Überblick über Arbeitstechniken und Studienmethodik. Berlin 2001.

Schnur, Harald: Zusammenschreiben. Eine Anleitung für die Naturwissenschaften, die Psychologie und die Medizin. Berlin 2005.

Sommer, Roy: Schreibkompetenzen. Erfolgreich wissenschaftlich schreiben. Stuttgart 2006.

Textor, A.M.: Sag es treffender. Ein Handbuch mit 25 000 sinnverwandten Wörtern und Ausdrücken für den täglichen Gebrauch. 9.Aufl., Reinbek b. Hamburg 2006.

Abbildungsnachweise

Cover: © Foto: Susan Farrell 1996

Titelillustration Kapitel 2, 3, 4 (S. 13, 33, 67): © Foto Helga Esselborn-Krumbiegel

Titelillustration Kapitel 5, 6, 9 (S. 91, 121, 187): © ADAGP et Flammarion, Paris

Titelillustration Kapitel 7 (S. 149): © Foto J. C. Rabadeux 1996

Titelillustration Kapitel 8 (S. 177): © Foto ionone 1994

Cover: Graffiti aus Amsterdam
© Foto: Susan Farrell 1996

Titelillustration Kapitel 1: Graffiti aus Helsinki
© 1995 Sens, The Damn Rascal

Titelillustration Kapitel 2: Graffiti aus Überlingen
© Foto: Helga Esselborn-Krumbiegel 2002

Titelillustration Kapitel 3: Graffiti aus Paris
© Foto: Helga Esselborn-Krumbiegel 2002

Titelillustration Kapitel 4: Graffiti aus Paris
© Foto: Helga Esselborn-Krumbiegel 2002

Titelillustration Kapitel 5: René Magritte: Le miroir vivant, 1926
© ADAGP et Flammarion

Titelillustration Kapitel 6: Joan Miro: Une Étoile caresse le sein d'une négresse, 1938

Abbildungsnachweise **221**

© ADAGP et Flammarion

Titelillustration Kapitel 7: Graffiti aus Le Mans
© Foto: J. C. Rabadeux 1996

Titelillustration Kapitel 8: Graffiti aus Amsterdam
© Foto: ionone 1994

Titelillustration Kapitel 9: René Magritte: Le monde invisible, 1954
© ADAGP et Flammarion